普通高等院校财会类专业实验实训课程规划教材
"互联网+"融媒体系列教材

基础会计实训

(第三版)

孔令一 主　编
陈小凤　佘翠芬 副主编

立信会计出版社
LIXIN ACCOUNTING PUBLISHING HOUSE

图书在版编目(CIP)数据

基础会计实训 / 孔令一主编. —3 版. —上海：立信会计出版社，2023.8(2024.12 重印)
ISBN 978-7-5429-7425-9

Ⅰ.①基… Ⅱ.①孔… Ⅲ.①会计学 Ⅳ.①F230

中国国家版本馆 CIP 数据核字(2023)第 161479 号

策划编辑　　郭　光
责任编辑　　郭　光　　张忠秀
美术编辑　　吴博闻

基础会计实训(第三版)

JICHU KUAIJI SHIXUN

出版发行	立信会计出版社
地　　址	上海市中山西路 2230 号　　邮政编码　200235
电　　话	(021)64411389　　传　真　(021)64411325
网　　址	www.lixinaph.com　　电子邮箱　lixinaph2019@126.com
网上书店	http://lixin.jd.com　　http://lxkjcbs.tmall.com
经　　销	各地新华书店
印　　刷	常熟市人民印刷有限公司
开　　本	787 毫米×1092 毫米　　1/16
印　　张	22.75
字　　数	378 千字
版　　次	2023 年 8 月第 3 版
印　　次	2024 年 12 月第 4 次
书　　号	ISBN 978-7-5429-7425-9/F
定　　价	49.00 元

如有印订差错，请与本社联系调换

第三版前言

本书自2019年10月初版以来，以其经济业务内容丰富且紧贴实际、章节设计新颖与科学合理、配套实验资料齐全等优点，深受广大读者的喜爱。2023年6月，应出版社的要求，我们完成了本次修订和改版工作。本次修订和增加的配套资源内容如下：

（1）本书紧紧围绕二十大精神，为立德树人、培养德智体美劳全面发展的社会主义建设者和接班人的目标任务编写。

（2）修订部分原始凭证，在基础会计综合实训中增加材料出库单等。

（3）在上一版的基础上，将众多实验实训指导教师向我们反馈的建议进行汇总和梳理，修订实训教材中不准确的表述。

（4）提供第二篇综合篇与本书配套的用友ERP-U8V10.1版和金蝶迷你版电子账套，实现手工账务处理与电算化实操的有机融合。

在此，我们还要特别感谢使用本书并提出改进建议的老师，他们分别是建议做微课视频的李娜老师、对凭证和答案提出改进建议的黄艳老师。另外，还要特别感谢立信会计出版社，尤其是郭光老师在本书整体框架设计和配套教师资源建设中给予的专业指导。

由于编者水平有限，本书如有疏漏之处，恳请读者提出改进意见，以便我们进一步修订和完善。

编　者
2023年7月

前　言

　　会计是一门应用型管理学科。理论联系实际是会计学科教学改革的核心和基本目标。因此,我们在会计教学过程中,不仅要向学生传授会计理论和会计方法,而且要培养学生应用会计理论和会计方法来解决会计实际问题的能力。这就需要组织和完善会计实训教学工作,强化会计实训教学环节。我们通过多年的教学实践发现,基础会计实训是会计教学过程中不可或缺的一个基本环节,是会计教学改革的重要举措,是巩固学生的会计理论知识、提高基本技能的重要手段。基于这样的一种认识,为了满足会计实训教学的需要,我们组织编写了这本《基础会计实训》。

　　本教材模拟了一个制造业企业的会计核算流程,将其某一期间的经济业务移植于本教材,对其全部核算资料进行加工、整理。按照"基础会计实训"课程体系的要求,我们设置了单项篇和综合篇两大模块。本教材按照会计循环的流程,以会计实训案例为依托,直观地再现了一系列典型的企业会计业务,使参加实训的学生在模拟的环境下接受严格的训练,熟悉日常会计业务处理流程,掌握分析原始凭证、选择记账凭证以及正确编制会计分录、完成复式记账与过账的操作技巧,熟悉定期进行试算平衡与期末结账等方法,完成期末主要财务报表的编制等任务,从而提高会计专业学生的记账、算账、报账和用账的实际操作能力。

　　《基础会计实训》具有以下特点:
　　(1) 使用最新税率编写。
　　(2) 使用最新的财务报表格式。
　　(3) 配有《基础会计实训专用账簿》,每一项实训均配有相应记账凭证及账页。
　　(4) 配备丰富的教师教学资源,含会计分录答案,总分类账、日记账以及各类明细分类账答案、财务报表答案等。

(5) 注重理论与实训一体化教学。本教材与同在立信会计出版社出版的《基础会计》(王蕾、赵若辰主编)、《基础会计学习指导书》(赵若辰、王蕾主编)相配套,做到理论实训紧密结合。

(6) 注重单项实训与综合实训相结合,与同在立信会计出版社出版的《会计综合模拟实验(工业篇)》(孔令一、朱淑梅主编)相呼应,让会计初学者的学习之旅由易至难,逐渐深入。

本教材由孔令一担任主编,陈小凤、余翠芬任副主编,迟甜甜、李满林、刘燕参与编写。编者努力做到实训资料准确,实训设计科学,实训步骤合理,实训所用证、账、表具有高度仿真性,实训内容具有实践性、启发性、综合性和应用性,并注重将业务处理的实际操作训练与会计职业判断能力的培养相结合,培养高素质应用型的会计人才。本教材在编写过程中,参考和借鉴了大量相关实验教材成果,得到了立信会计出版社郭光编辑的大力支持,在此表示诚挚谢意!

由于编者水平有限,加之税收法律规定变化较快,本教材实训内容难免有疏漏之处,恳请读者提出改进意见,以便我们进一步修订和完善。如教师需要相关教学资源,请添加 QQ 号码 360090452 索取。

编 者

2023 年 7 月

《基础会计实训(第三版)》
编写指导专家委员会

(排名不分先后)

黄 艳	台州市椒江区职业中等专业学校	肖康元	上海海事大学
刘建梅	上饶职业技术学院	齐芬霞	山西大学
谢万健	淮阴工学院	刘永柏	耒阳市中等职业技术学校
田 峰	苏州建设交通高等职业技术学校	刘延安	石家庄铁道大学
李秀萍	山东农业工程学院	谢 铨	汕头市澄海职业技术学校
张金霞	武城县职业中等专业学校	李 娜	安徽审计职业学院
孙新华	青岛华夏职业学校	李红梅	茂名职业技术学院
曹晓燕	常州科技经贸技工学校	徐 震	景德镇学院
陈 瑶	南京工业大学	蒋冰丹	无锡南洋职业技术学院
邓 娟	兰州交通大学	顾元威	厦门大学嘉庚学院
胡 艳	安徽新闻出版职业技术学院	钱 翠	江苏省相城中等专业学校
张宝芳	闽南理工学院	谢惠芳	福州软件职业技术学院
蓝柳洲	广州涉外经济职业技术学院	周 燕	江门职业技术学院
王小捷	海南省财税学校	潘冬妮	肇庆市技师学院
佘翠芬	广东省财经职业技术学校	张笑蕾	赤峰学院
蔡 鸿	福建省邮电学校	常小梅	安徽理工大学
段巧慧	中山市中等专业学校	黄明卿	广东工程职业技术学院
李婉秋	广东省粤东技师学院	蒋华丰	广东工程职业技术学院
余 颖	广州市工贸技师学院	刘恒梅	广州航海学院
李乔侨	福州外语外贸学院	常向丽	河南质量工程职业学院
丘汉明	福建省长汀职业中专学校	杜建华	南昌工学院
童春香	福建省三明工贸学校	向 静	泉州职业大学
李带好	广东省华侨职业技术学校	刘邹恒	豫章师范学院
田 宁	西北大学现代学院	郭华敏	吉林工商学院
杨淑芝	内蒙古建筑职业技术学院	贾 赟	济宁职业技术学院
詹毅美	集美大学	周 霞	济宁职业技术学院
郑雪莲	集美大学诚毅学院	刘红梅	济宁职业技术学院
李秀霞	广东工商职业技术大学	张 霞	济宁职业技术学院
温 静	上海济光学院	施秋霞	广东农工商职业技术学院
范树峰	福州理工学院	欧昌惠	广东农工商职业技术学院
吴 市	福州理工学院	莫旭红	广东南华工商职业学院
赵星星	青海大学昆仑学院	余梅芳	福建技术师范学院
龚慕贞	广东华商技工学校	刘 琼	三亚理工职业学院
章 雁	上海海事大学	柯胜娟	深圳市第三职业技术学校
王朝阳	上海海事大学		

导　　学

亲爱的读者朋友：

也许您是一位已经学完基础的会计理论，在老师的指导下，即将开始会计认知学习的在校学生；也许您是一位对会计职业充满着热爱，已经做好准备将理论付诸实践的社会人士；也许您是一位需要承担起家族企业财务大权重任的接班人，而急需补充财务实践知识。

当您翻开此书，意味着您即将开启会计从理论到实践的历程。为此，我们为您提供了一套填制及装订记账凭证、建账、登账、编制财务报表的课程资源，助您顺利开启手工做账模式。

领取流程如下：

微信扫描下图二维码，关注"智信财会"公众号，在公众号对话栏回复关键字："7425"，即可免费领取基础会计实训课程资源。

编　者

2023 年 6 月

目 录

第一篇 单项篇 ··· 1

实训一 原始凭证填制与审核 ··· 1
一、实训目的 ··· 1
二、实训指导 ··· 1
三、实训资料 ··· 1
四、实训要求 ··· 3

实训二 记账凭证填制与审核 ··· 13
一、实训目的 ··· 13
二、实训指导 ··· 13
三、实训资料 ··· 13
四、实训要求 ··· 14

实训三 建账 ·· 31
一、实训目的 ··· 31
二、实训指导 ··· 31
三、实训资料 ··· 31
四、实训要求 ··· 35

实训四 日记账登记和银行存款清查 ·· 36

练习一 日记账登记 ··· 36
一、实训目的 ··· 36
二、实训资料 ··· 36
三、实训要求 ··· 36

练习二 银行存款清查 ·· 47
一、实训目的 ··· 47
二、实训指导 ··· 47
三、实训资料 ··· 47
四、实训要求 ··· 47

实训五 三栏式明细账登记 ·· 48
一、实训目的 ··· 48
二、实训指导 ··· 48
三、实训资料 ··· 48
四、实训要求 ··· 48

实训六 数量金额式明细账登记 ··· 55
一、实训目的 ··· 55
二、实训指导 ··· 55
三、实训资料 ··· 55

	四、实训要求	55
实训七	生产成本明细账登记	69
	一、实训目的	69
	二、实训指导	69
	三、实训资料	69
	四、实训要求	69
实训八	管理费用明细账登记	79
	一、实训目的	79
	二、实训资料	79
	三、实训要求	79
实训九	总分类账登记	89
	一、实训目的	89
	二、实训指导	89
	三、实训资料	89
	四、实训要求	89
实训十	错账更正	100
	一、实训目的	100
	二、实训指导	100
	三、实训资料	100
	四、实训要求	100
实训十一	财务报表编制	104
练习一	编制资产负债表、利润表	104
	一、实训目的	104
	二、实训资料	104
	三、实训要求	105
练习二	编制现金流量表	105
	一、实训目的	105
	二、实训资料	105
	三、实训要求	106
练习三	编制所有者权益变动表	106
	一、实训目的	106
	二、实训资料	106
	三、实训要求	107
第二篇	综合篇	108
实训十二	基础会计综合实训	108
	一、实训公司概况	108
	二、实训资料	109
	三、实训要求	110

第一篇 单 项 篇

实训一 原始凭证填制与审核

一、实训目的

学生通过实训,掌握常见原始凭证的基本内容、填制方法,熟悉原始凭证的审核。

二、实训指导

(1) 原始凭证的填制要求。

(2) 原始凭证的填制,主要包括支票、进账单、收据、暂支单、差旅费报销单、增值税专用(或普通)发票、现金缴款单等的填写。

三、实训资料

(一) 实训公司概况

公司名称:烟台兴茂机械制造有限公司

纳税人识别号:913706129662088957

开户行:中国农业银行烟台市莱山区支行

银行账号:15376201040000182

地址:烟台市莱山区港城街100号

电话:0535-6900119

法人代表:孔祥瑞

注册资金:人民币5 050 000.00元

企业类型:有限责任公司(国内合资)

经营范围:生产、销售消音器、油箱等汽车配件

会计主管:张丽

记账:孙明艳

制单:李丰富

出纳:王小刚

销售部经理:张强

采购部经理:刘英杰

(二) 实训内容

烟台兴茂机械制造有限公司2023年8月份部分经济业务如下：

【1】3日，出纳王小刚签发一张转账支票，支付烟台海源广告策划有限公司广告费4 000元。

（提示：填制支票）

【2】6日，销售给济南西城机械有限公司抗性消音器，开出增值税专用发票，抗性消音器数量为910件，价款为297 964.6元，税额为38 735.4元，货已发出，货款尚未收到。

（提示：填开增值税专用发票。购买方济南西城机械有限公司的纳税人识别号为913701042644188211，地址与电话是济南市槐荫区济究路147号 0531-87980451，开户行及账号为齐鲁银行济南段店支行11714140000000004653）

【3】10日，收到济南西城机械有限公司签发的转账支票一张，用来偿还本月6日购货所欠货款336 700元，财务人员收取支票后，当日填写进账单送存银行。

（提示：填制进账单）

【4】13日，采购员李强赴济南采购材料，经批准预借差旅费2 000元，财务人员审核无误后付现金，预计归还日期为8月17日。

（提示：填制暂支单）

【5】15日，出纳王小刚将当天的零星销货款65 500元现金存入银行（其中面额100元的500张，面额50元的300张，面额10元的50张）。

（提示：填制现金缴款单）

【6】16日，采购员李强向济南曼华包装有限公司购入6 000个包装盒，收到增值税专用发票（号码：07660548），列明价款12 600元，税额1 638元。货已验收入库，货款尚未支付。

（提示：审核发票和收料单）

【7】17日，采购员李强出差回来，报销差旅费1 590元，差旅费余款退回现金410元。

（提示：填制差旅费报销单，公司规定员工出差的交通费、住宿费实报实销，伙食补贴100元/天，公杂补贴60元/天）

【8】22日，收到现金1 000元，系烟台大同公司支付的包装物押金。

（提示：填制收据）

【9】26日，公司销售部经理张强报销本月油费800元，出纳以现金支付。

（提示：审核费用报销单）

【10】31日，第一生产车间生产抗性消音器领用材料WRU9钢板7吨，材料类别为钢板，每吨成本为3 500元；第二生产车间生产铝合金油箱领用材料铝合金15吨，材料类别为金属，每吨成本为13 300元。材料仓库发料人为赵小英，仓库主管为刘伟，领料部门主管为孙思泽，第一生产车间领料人为贾凯鸿，第二生产车间领料人为孙娜。

（提示：审核领料单）

四、实训要求

(1) 根据上述资料,填制业务【1】至业务【5】、业务【7】至业务【8】的相关原始凭证。
(2) 根据上述资料,审核业务【6】、业务【9】、业务【10】的相关原始凭证。

业务1

中国农业银行 转账支票存根 10201110 49860630	中国农业银行 转账支票 10201110 49860630
附加信息 _____	出票日期(大写)　年　月　日　付款行名称：_____
	收款人：_____　出票人账号：_____
出票日期　年　月　日	人民币(大写) _____ 亿千百十万千百十元角分
收款人：_____	用途：_____　密码_____
金额：_____	上列款项请从　　　　　　　行号_____
用途：_____	我账户内支付
单位主管　　会计	出票人签章　　　　　　　　复核　　记账

业务2

3700233130	山东增值税专用发票	No 03349233	3700233130 03349233

此联不作报销、抵扣凭证使用　　　　开票日期　年　月　日

购买方	名　　称：_____	密码区	1<6<6>**5803312578<>*9974>< ++53>15>4-<+>/0<38+70/420/> 09>>+-*93+>6401/3/454115/+- -*2+88++5/320+6+*<2<>0--+15
	纳税人识别号：_____		
	地　址、电话：_____		
	开户行及账号：_____		

货物或应税劳务、服务名称	规格型号	单位	数量	单价	金额	税率	税额
合　　　计							
价税合计（大写）					（小写）		

销售方	名　　称：烟台兴茂机械制造有限公司	备注
	纳税人识别号：913706129662088957	
	地　址、电话：烟台市莱山区港城街100号0535-6900119	
	开户行及账号：农行烟台莱山区支行15376201040000182	

收款人：_____　复核：_____　开票人：_____　销售方：（章）

第一联：记账联　销售方记账凭证

业务 3-1

齐鲁银行 转账支票　10504174　06224431

出票日期(大写)　贰零贰叁年捌月零壹拾日　付款行名称：齐鲁银行济南段店支行

收款人：烟台兴茂机械制造有限公司　出票人账号：1171414000000004653

人民币(大写)　叁拾叁万陆仟柒佰元整　￥336700.00

用途　货款

上列款项请从我账户内支付

出票人签章

密码

行号　105257819845

复核　　记账

业务 3-2

中国农业银行 进账单(收账通知)　3
AGRICULTURAL BANK OF CHINA

年　月　日

出票人	全称		收款人	全称	
	账号			账号	
	开户银行			开户银行	
金额	人民币(大写)				亿千百十万千百十元角分
票据种类		票据张数			
票据号码					

复核　记账　　收款人开户银行签章

此联是收款人开户银行交给收款人的收账通知

业务 4

烟台兴茂机械制造有限公司暂支单

年　月　日　　　　　　　　　　　编号：416

受款人	
暂支事由	
暂支金额	人民币（大写）　　　　　　　　　（小写）
预计归还日期	科目

财会主管：　　　记账：　　　出纳：　　　制单：

业务 5

中国农业银行　现金缴款单
AGRICULTURAL BANK OF CHINA

年　月　日

客户填写部分	收款人户名						收款人开户行	
	收款人账号							
	缴款人						款项来源	
	币种（√）人民币□ 外币：	大写：					亿千百十万千百十元角分	
	券别 张数	100元	50元	20元	10元	5元	2元	1元		辅币（金额）
银行填写部分	日期： 金额：		日志号： 终端号：		交易码： 主管：			币种： 柜员：

第二联　收款人入账通知

业务 6-1

山东增值税专用发票（抵扣联）

No 07660548　3700231140　07660548

开票日期：2023年08月16日

购买方	名称：烟台兴茂机械制造有限公司 纳税人识别号：913706129662088957 地址、电话：烟台市莱山区港城街100号 0535-6900119 开户行及账号：农行烟台莱山区支行 15376201040000182	密码区	1<6<6>**580331/373>6356*</1 ++8+505>4-<+>/0<38+75672+-/ 09>>+-*93+>6401/3/42568*-7- -*2+88++5/320+6+*<2<>0-1364

货物或应税劳务、服务名称	规格型号	单位	数量	单价	金额	税率	税额
*包装盒		个	6000	2.10	12600.00	13%	1638.00
合计					¥12600.00		¥1638.00

价税合计（大写）：⊗壹万肆仟贰佰叁拾捌圆整　　（小写）¥14238.00

销售方	名称：济南曼华包装有限公司 纳税人识别号：91370105574590654E 地址、电话：济南市天桥区龙虎山路123号 0531-8713646 开户行及账号：工行济南天桥区支行 15375305780000134	备注	

收款人：单晶　　复核：姜鹏　　开票人：于伟杰　　销售方：（章）

业务 6-2

山东增值税专用发票（发票联）

No 07660548　3700231140　07660548

开票日期：2023年08月16日

购买方	名称：烟台兴茂机械制造有限公司 纳税人识别号：913706129662088957 地址、电话：烟台市莱山区港城街100号 0535-6900119 开户行及账号：农行烟台莱山区支行 15376201040000182	密码区	1<6<6>**580331/373>6356*</1 ++8+505>4-<+>/0<38+75672+-/ 09>>+-*93+>6401/3/42568*-7- -*2+88++5/320+6+*<2<>0-1364

货物或应税劳务、服务名称	规格型号	单位	数量	单价	金额	税率	税额
*包装盒		个	6000	2.10	12600.00	13%	1638.00
合计					¥12600.00		¥1638.00

价税合计（大写）：⊗壹万肆仟贰佰叁拾捌圆整　　（小写）¥14238.00

销售方	名称：济南曼华包装有限公司 纳税人识别号：91370105574590654E 地址、电话：济南市天桥区龙虎山路123号 0531-8713646 开户行及账号：工行济南天桥区支行 15375305780000134	备注	

收款人：单晶　　复核：姜鹏　　开票人：于伟杰　　销售方：（章）

业务6-3

收 料 单

供货单位：济南曼华包装有限公司

发票号码：07660548

2023年08月16日

材料类别	名称及规格	计量单位	数量		实际成本	
			应收	实收	单价	金额
包装盒		个	6 000	6 000		12 600.00
合计		个	6 000	6 000		12 600.00

记账联

质量检验：刘伟　　　　　　　　收料：赵小英

业务7-1

```
M065043              检票：一楼A7
烟台南 站   D6072   济 南 站
Yantainan             Jinan
2023年08月13日08：04开   02车17A号
￥165元        网        二等座
限乘当日当次车

3706821980****4326  李强
   买票请到12306  发货请到95306
     中国铁路祝您旅途愉快

17235300600612E06   烟台南站售
```

业务 7-2

```
M065952                    检票：二楼A2A3
济  南 站   D6071   烟台南 站
   Jinan                   Yantainan
2023年08月17日08:55开    03车15C号
¥165元        网           二等座
限乘当日当次车

3706821980****4326  李强
    买票请到12306  发货请到95306
    中国铁路祝您旅途愉快

16295300600613M06       济南站售
```

业务 7-3

山东增值税普通发票						发票代码：037002300111			
						发票号码：65802219			
机器编号：661701268278						开票日期：2023年08月16日			
						校验码：58863 83939 22408 08888			
购买方	名 称	烟台兴茂机械制造有限公司				密码区	1<6<6>**58033163523458/373> 5>4-<+>/0<38+75628-+6++8+50 09>>+-*93+>23-+/>26401/3/42 5/320+6+*<2<>45+-0/-*2+88++		
	纳税人识别号	9137706129662088957							
	地址、电话	烟台市莱山区港城街100号0535-6900119							
	开户行及账号	农行烟台莱山区支行15376201040000182							
货物或应税劳务、服务名称	规格型号	单位	数量	单价	金额		税率	税额	
*住宿费			1	446.60	446.60		3%	13.40	
合 计					¥446.60			¥13.40	
价税合计（大写）	⊗肆佰陆拾圆整				（小写）¥460.00				
销售方	名 称	山东舜经国际酒店				备注			
	纳税人识别号	9230612MA2356207J0							
	地址、电话	济南市市中区舜耕路66号 0531-8693612							
	开户行及账号	农业银行济南舜耕路支行15376202030000231							
收款人：韩明月 复核：韩明月 开票人：张亚楠 销售方：（章）									

业务 7-4

烟台兴茂机械制造有限公司差旅费报销单

填表日期： 年 月 日

	出差人姓名				所属部门				
	出差地点				起止日期	自 月 日至 月 日，共 天			
出差事由									
交通及住宿费	种类	单据张数	开支金额	核准金额	出差补助费	种类	天数	标准	金额
	城市间交通费					伙食补贴			
	住 宿 费					公杂补贴			
	小 计					小计			
金额合计	（大写）						（小写）		
报销结算情况	原出差借款				报销金额				
	退回金额				补发金额				

经办人： 部门经理： 财务经理： 总经理： 出纳：

业务 8

烟台兴茂机械制造有限公司收据

年 月 日

交款单位或交款人		收款方式		第三联：记账联
事由_____ 金额（人民币大写）：_____ ¥_____			备注：	

收款人： 收款单位（盖章）

业务 9-1

山东增值税普通发票

发票代码：037002300111
发票号码：84357032
开票日期：2023年08月10日
校验码：73761 83414 22567 43328

机器编号：661623715767

购买方	名　　　称：	烟台兴茂机械制造有限公司	密码区	324<6>**87953163523458/373> 5>4-<+>/0<38+75628-+6++8+50 09>>+-*93+>23-+/>26401/3/42 5/320+6+*<2<>45+-0/-*2+88++
	纳税人识别号：	913706129662088957		
	地址、电话：	烟台市莱山区港城街100号0535-6900119		
	开户行及账号：	农行烟台莱山区支行15376201040000182		

货物或应税劳务、服务名称	规格型号	单位	数量	单价	金额	税率	税额
*汽油*92号汽油		L	140.9516	5.0227496759	707.96	13%	92.04
合　计					¥707.96		¥92.04

价税合计（大写）　⊗捌佰圆整　　　　　　　　　（小写）¥800.00

销售方	名　　　称：	烟台交运石油有限公司	备注	
	纳税人识别号：	91370602865091263E		
	地址、电话：	烟台市芝罘区幸福南路10号 0535-6567123		
	开户行及账号：	农业银行保税港区支行15376202030000345		

收款人：张月　　复核：张远　　开票人：李丽　　销售方：（章）

业务 9-2

烟台兴茂机械制造有限公司费用报销单

部门：销售部门　　　　2023 年 08 月 26 日

摘　　要	金　　额	
油费	800	附件一张
合计　人民币（大写）捌佰元整	¥800.00	
报销方式	银行存款（　）	现金（√）　转账（　）

审核：李丰富　　出纳：王小刚　　报销人：

业务 10-1

领 料 单

No.2023026

领料部门：第一生产车间　　　2023年08月31日

单位：烟台兴茂机械制造有限公司　　　　　　　　　　　　仓库：材料仓库

材料类别	名称及规格	计量单位	数量(吨)		单价(元)	金额(元)	用途	领料人签字
			请领	实领				
钢板	WRU9钢板	吨	7	7	3 500.00	24 500.00	抗性消音器	
合　计		吨	7	7	3 500.00	24 500.00		

记账联

仓库主管：刘伟　　　　发料人：赵小英　　　　领料部门主管：孙思泽

业务 10-2

领 料 单

No.2023027

领料部门：第二生产车间　　　2023年08月31日

单位：烟台兴茂机械制造有限公司　　　　　　　　　　　　仓库：材料仓库

材料类别	名称及规格	计量单位	数量(吨)		单价(元)	金额(元)	用途	领料人签字
			请领	实领				
金属	铝合金	吨	15	15	13 300.00	199 500.00	铝合金油箱	孙娜
合　计		吨	15	15	13 300.00	199 500.00		

记账联

仓库主管：　　　　发料人：　　　　领料部门主管：

实训二　记账凭证填制与审核

一、实训目的

学生通过编制记账凭证，掌握根据原始凭证编制各种记账凭证的方法，熟悉凭证格式及每一种记账凭证的编制方法，提高学生对经济业务的会计处理能力。

二、实训指导

1. 记账凭证的填制
(1) 记账凭证的填制要求。
(2) 专用记账凭证的填制方法。
2. 记账凭证的审核

三、实训资料

烟台兴茂机械制造有限公司对记账凭证采用现收、现付、银收、银付和转账五类进行编号，2023年11月份部分经济业务如下：

【1】6日，开出转账支票向中通工业集团预付购买铝合金的货款45 765元。

【2】7日，以现金形式收到济南信达汽车配件有限公司交来的包装物押金500元。

【3】12日，向泰安银光电子公司出售160件有源消音器，并开出增值税专用发票（号码：03349239），列明价款53 805.31元，税额6 994.69元，货已发出，货款已通过网上银行收到。

（提示：成本结转月末一次进行）

【4】16日，收到济南信达汽车配件有限公司签发的转账支票40 000元，系订购铝合金油箱的预付款。

（提示：转账支票交与银行，其复印件与银行进账单可做记账凭证的原始票据）

【5】19日，购买办公用品A4打印纸，收到上海晨光文具有限公司开出的增值税专用发票（号码：07660907），价款929.20元，税额120.80元，通过网上银行支付。A4打印纸直接交付各部门使用。

【6】20日，销售给济南信达汽车配件有限公司铝合金油箱，并开出增值税专用发票（号码：03349236），列明价款90 044.25元，税额11 705.75元，货已发出，其中40 000元货款已于本月16日预收，余款暂欠。

【7】23日，向中通工业集团购入3吨铝合金，收到增值税专用发票（号码：07660573），列明价款为40 500元，税额为5 265元，材料已验收入库。公司已于本月6日预付采购款45 765元。

【8】27日，采购员张苑到天津出差，预借差旅费4 000元，以现金付讫。

【9】30日，摊销行政管理部门本年从上海东方汽车杂志社订阅的报刊费275.23元。

四、实训要求

根据烟台兴茂机械制造有限公司 2023 年 11 月份发生的上述经济业务编制并审核记账凭证。

业务1

中国农业银行
转账支票存根
10201110
49860735

附加信息

出票日期 2023年11月06日
收款人：中通工业集团
金额：￥45 765.00
用途：预付材料款

单位主管 张丽　会计 李丰富

业务2

收 据

No.6032456

2023年11月07日

今 收 到

济南信达汽车配件有限公司　交来　借用包装物押金　款

人民币（大写）　伍佰元整

（小写）￥500.00　　现金收讫

收款单位（签章）：

出纳：王小刚　　核准：张丽　　会计：李丰富

第三联：记账联

业务 3-1

山东增值税专用发票 No 03349239

3700233130
03349239

此联不作报销、抵扣税凭证使用

开票日期：2023年11月12日

购买方	名　称	泰安银光电子公司	密码区	112578<>*9974><<6<6>**58033 ++53>15>4-<+>/0<38+70/4230+ 09>>54115/+-+-*93>>6401/3/4 -*2+88++5/32>0--+150+6+*<2<
	纳税人识别号	913701064P01T932R5		
	地址、电话	泰安市新泰区莲花山路125号0538-8180466		
	开户行及账号	农业银行泰安新泰区支行1537610513000021 9		

货物或应税劳务、服务名称	规格型号	单位	数量	单价	金额	税率	税额
*工业车辆*有源消音器		件	160	336.2831875	53805.31	13%	6994.69
合　计					¥53805.31		¥6994.69

价税合计（大写）	⊗陆万零捌佰圆整	（小写）¥60800.00				

销售方	名　称	烟台兴茂机械制造有限公司	备注	
	纳税人识别号	913706129662088957		
	地址、电话	烟台市莱山区港城街100号0535-6900119		
	开户行及账号	农行烟台莱山区支行15376201040000182		

收款人：王小刚　　复核：王小刚　　开票人：李丰富　　销售方：（章）

业务 3-2

中国农业银行　　网上银行电子回单
AGRICULTURAL BANK OF CHINA

电子回单号码：37650400934327416558				
付款方	账　号	15376105130000219	账　号	15376201040000182
	户　名	泰安银光电子公司	收款方　户　名	烟台兴茂机械制造有限公司
	开户行	农业银行泰安新泰区支行	开户行	中国农业银行烟台莱山区支行
金额（小写）	¥60 800.00		金额（大写）	陆万零捌佰元整
币种	人民币		交易渠道	EBNK
摘要	支付货款		凭证号	153705361930000251
交易时间	2023-11-12 13:36:47		会计日期	20231112
附言				

打印日期：2023-11-12

业务 4-1

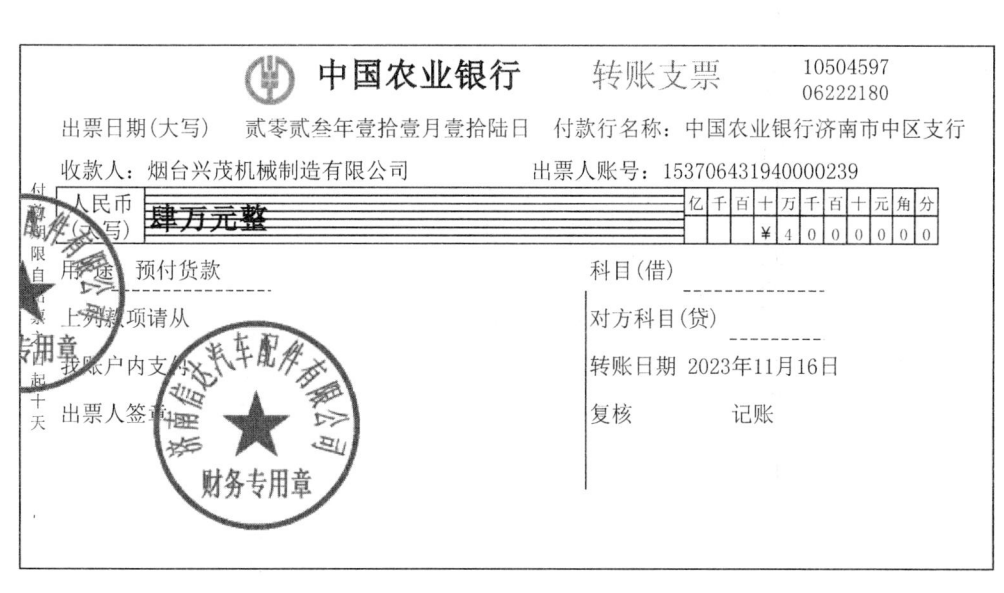

业务 4-2

中国农业银行 进账单（回单）

2023 年 11 月 16 日

出票人	全称	济南信达汽车配件有限公司	收款人	全称	烟台兴茂机械制造有限公司	此联是开户银行交给持票人的回单
	账号	153706431940000239		账号	153762010400000182	
	开户银行	中国农业银行济南市中区支行		开户银行	中国农业银行烟台莱山区支行	
金额	人民币（大写）	肆万元整		已受理	￥40000000（亿千百十万千百十元角分）	
票据种类	支票	票据张数	1			
票据号码	06222180					

业务 5-1

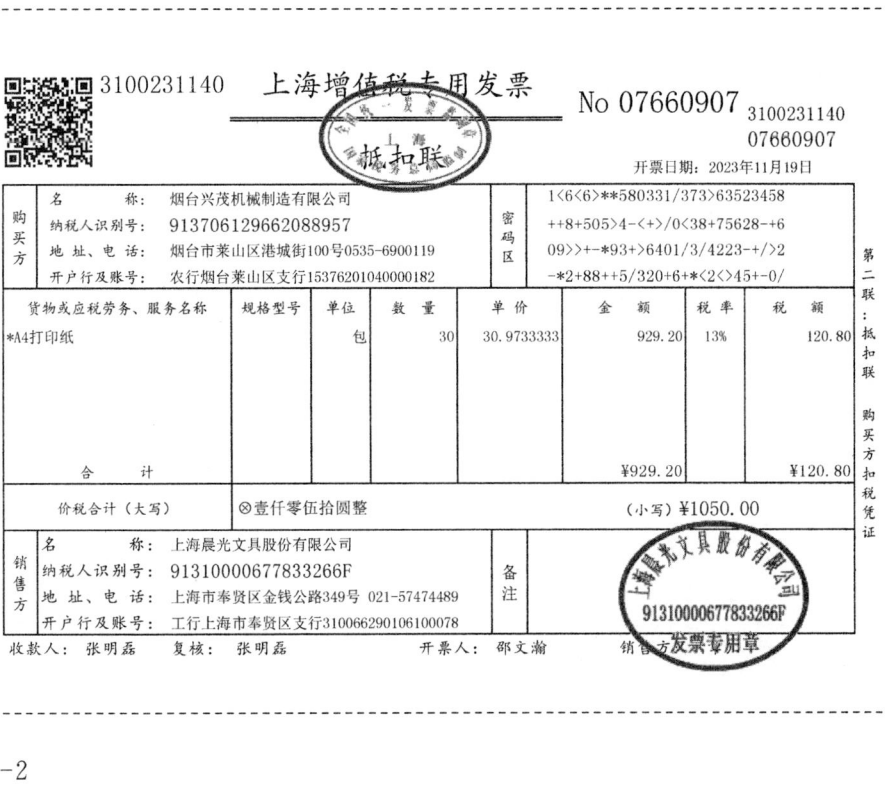

业务 5-2

业务 5-3

中国农业银行 AGRICULTURAL BANK OF CHINA		网上银行电子回单			

电子回单号码：37600569453297971120

付款方	账 号	15376201040000182	收款方	账 号	310066290106100078
	户 名	烟台兴茂机械制造有限公司		户 名	上海晨光文具股份有限公司
	开户行	中国农业银行烟台莱山区支行		开户行	中国工商银行上海市奉贤区支行
金额（小写）		¥1,050.00	金额（大写）		壹仟零伍拾元整
币种		人民币	交易渠道		EBNK
摘要		办公用品费用	凭证号		15376201040000182
交易时间		2023-11-19 15:29:35	会计日期		20231119
附言					

打印日期：2023-11-19

业务 5-4

烟台兴茂机械制造有限公司内部领用单

领用部门	物品名称	单位	数量	单价	金额	领用日期	领用人签字
生产车间	A4打印纸	包	15	30.973333	464.60	2023/11/19	张刚
行政管理部门	A4打印纸	包	5	30.973333	154.87	2023/11/19	刘美娟
财务部	A4打印纸	包	10	30.973333	309.73	2023/11/19	王小刚

发料人：赵小英　　　　　　　　　　　仓库主管：刘伟

业务6

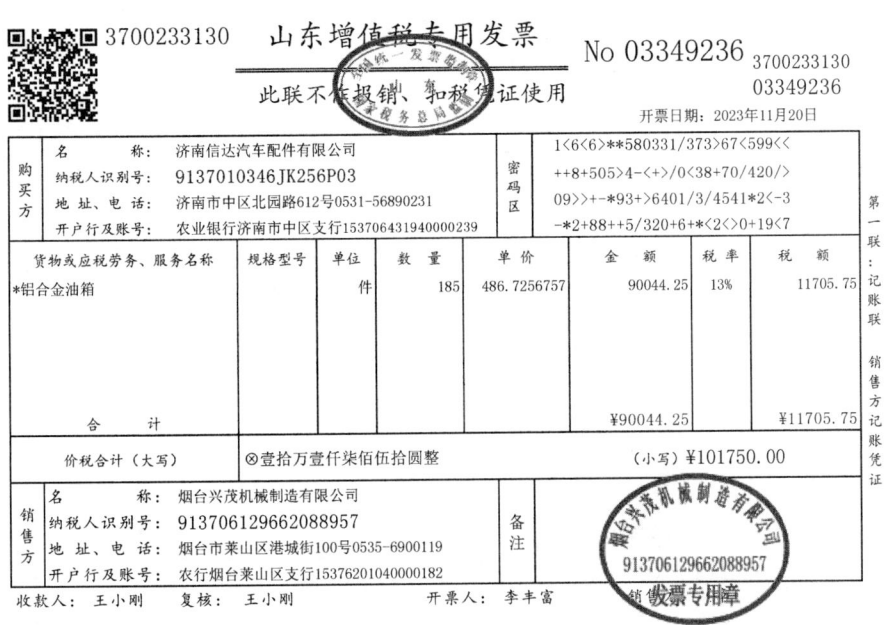

业务7-1

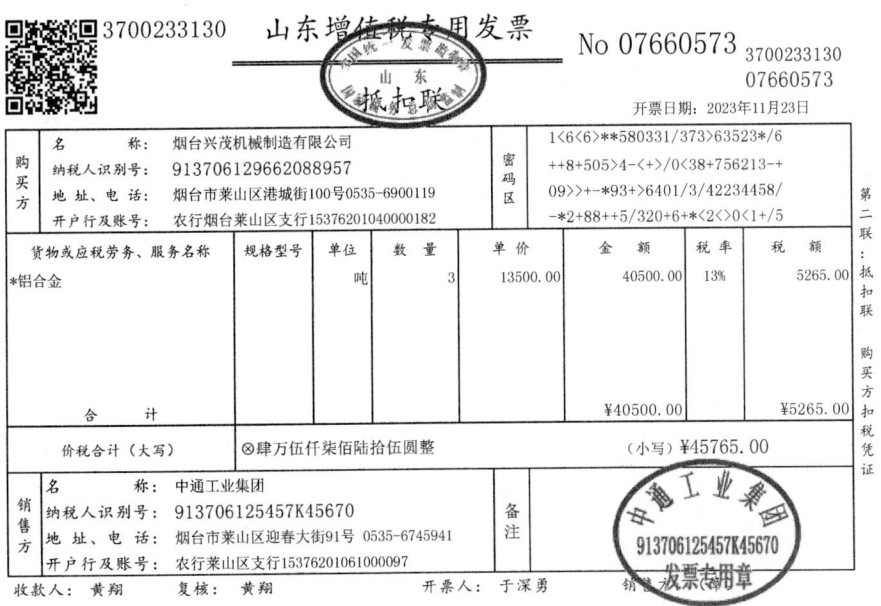

业务 7-2

山东增值税专用发票

3700233130 No 07660573 3700233130
07660573

开票日期：2023年11月23日

购买方	名　称：	烟台兴茂机械制造有限公司	密码区	1<6<6>**580331/373>63523*/6 ++8+505>4-<+>/0<38+756213-+ 09>>+-*93+>6401/3/42234458/ -*2+88++5/320+6+*<2<>0<1+/5
	纳税人识别号：	913706129662088957		
	地址、电话：	烟台市莱山区港城街100号 0535-6900119		
	开户行及账号：	农行烟台莱山区支行1537620104000182		

货物或应税劳务、服务名称	规格型号	单位	数量	单价	金额	税率	税额
*铝合金		吨	3	13500.00	40500.00	13%	5265.00
合　计					¥40500.00		¥5265.00

价税合计（大写）	⊗肆万伍仟柒佰陆拾伍圆整	（小写）¥45765.00

销售方	名　称：	中通工业集团	备注	
	纳税人识别号：	913706125457K45670		
	地址、电话：	烟台市莱山区迎春大街91号 0535-6745941		
	开户行及账号：	农行莱山区支行15376201061000097		

收款人：黄翔　　复核：黄翔　　开票人：于深勇　　销售方：（发票专用章）

业务 7-3

收料单

No.209742

供货单位： 中通工业集团
发票号码： 07660573

2023年11月23日

材料类别	名称及规格	计量单位	数量		成本	
			应收	实收	单价	金额
铝合金		吨	3	3	13 500.00	40 500.00
合　计		吨	3	3	13 500.00	40 500.00

质量检验：刘伟　　　　　　收料：赵小英

业务8

烟台兴茂机械制造有限公司暂支单

2023年11月27日　　　　　　　　　　编号：385

受款人	张苑		
暂支事由	预支付天津采购差旅费		
暂支金额	人民币肆仟元整	￥4 000.00	现金付讫
预计归还日期	2023年12月5日	科目	其他应收款

财会主管：张丽　　记账：　　出纳：王小刚　　　　受款人签字：张苑

业务9

杂志费摊销明细

单位：烟台兴茂机械制造有限公司　　　　　　所属摊销期间2023年11月

项目	对方科目	入账日期	入账金额	月摊销额	已摊销期数	已摊销额	本月应摊销额
杂志费	预付账款	2023/01/05	￥3 302.76	￥275.23	10	￥2 752.3	￥275.23

会计：李丰富　　　　　财务主管：张丽

实训三 建 账

一、实训目的

学生通过实训,掌握总分类账、明细分类账建账。

二、实训指导

三栏式、数量金额式、多栏式明细分类账建账指导。

三、实训资料

烟台兴茂机械制造有限公司2023年12月1日总分类账、明细分类账期初余额。

(一)总分类账期初余额

2023年12月1日,烟台兴茂机械有限公司总分类账科目及期初余额如下表所示。

注:总分类账余额为0的科目,是指期初余额为0的永久性总账科目以及期末结转的损益类总账科目。这些科目虽然期初余额为0,在12月份的经济业务中需要用到,为方便学生做账,学生在建账时可将期初余额为0的总账科目名称同时建好。

总账科目	借贷方向	借方余额	贷方余额
库存现金	借	7 134.00	
银行存款	借	2 116 648.25	
应收票据	借	455 000.00	
应收账款	借	1 572 264.00	
预付账款	借	25 000.00	
其他应收款	借	21 152.00	
原材料	借	583 650.00	
库存商品	借	501 116.75	
生产成本	借	9 442.50	
固定资产	借	2 550 281.00	
累计折旧	贷		168 518.56
短期借款	贷		340 000.00
应付票据	贷		140 000.00
应付账款	贷		365 875.00
预收账款	贷		214 010.70

(续表)

总账科目	借贷方向	借方余额	贷方余额
应付职工薪酬	平		
应交税费	平		
应付股利	平		
其他应付款	贷		50 550.00
长期借款	贷		120 000.00
实收资本	贷		5 050 000.00
资本公积	贷		80 000.00
盈余公积	贷		96 600.00
本年利润	贷		1 120 000.00
利润分配	贷		96 134.24
制造费用	平		
主营业务收入	平		
其他业务收入	平		
主营业务成本	平		
其他业务成本	平		
税金及附加	平		
销售费用	平		
管理费用	平		
营业外支出	平		
所得税费用	平		
合计	—	7 841 688.50	7 841 688.50

(二) 永久性账户明细分类账期初余额

2023年12月1日,烟台兴茂机械有限公司永久性账户明细分类账及期初余额如下表所示。

注:明细分类账余额为0的科目,是指期初余额为0,但在12月份的经济业务中需要用到的明细分类账科目。学生在建账时可将期初余额为0的明细账科目名称同时建好。

总账科目	明细科目	借贷方向	余额	账户类型
库存现金		借	7 134.00	日记账
银行存款	农业银行	借	2 116 648.25	日记账
应收票据	银行承兑汇票——青岛通达汽车配件公司	借	455 000.00	三栏式
	银行承兑汇票——济南西城机械有限公司	平	0	三栏式

(续表)

总账科目	明细科目	借贷方向	余额	账户类型
应收账款	青岛山海机械有限公司	借	894 510.00	三栏式
	济南西城机械有限公司	借	677 754.00	三栏式
预付账款	青岛广源钢材有限公司	借	25 000.00	三栏式
其他应收款	济南曼华包装有限公司	借	21 152.00	三栏式
	李强	平	0	三栏式
原材料	钢板	借	313 650.00	数量金额式
	铝合金	借	270 000.00	数量金额式
库存商品	抗性消音器	借	316 679.25	数量金额式
	铝合金油箱	借	184 437.50	数量金额式
生产成本	抗性消音器	借	5 762.00	多栏式
	铝合金油箱	借	3 680.50	多栏式
固定资产	—	借	2 550 281.00	三栏式
累计折旧	—	贷	168 518.56	三栏式
短期借款	中国农业银行	贷	340 000.00	三栏式
应付票据	烟台伟业有限公司	贷	90 000.00	三栏式
	中通工业集团	贷	50 000.00	三栏式
应付账款	烟台伟业有限公司	贷	210 000.00	三栏式
	重庆华宇机械有限公司	贷	155 875.00	三栏式
预收账款	济南信达汽车配件有限公司	贷	214 010.70	三栏式
应付职工薪酬	工资	平	0	三栏式
应交税费	应交增值税	平	0	应交税费——应交增值税明细账
	未交增值税	平	0	三栏式
	应交城建税	平	0	三栏式
	应交教育费附加	平	0	三栏式
	应交企业所得税	平	0	三栏式
应付股利	—	平	0	三栏式
其他应付款	保证金	贷	50 550.00	三栏式
长期借款	中国工商银行	贷	120 000.00	三栏式
实收资本	烟台兴鲁机械制造有限公司	贷	4 040 000.00	三栏式
	烟台飞达机械设备有限公司	贷	1 010 000.00	三栏式
资本公积	其他资本公积	贷	80 000.00	三栏式

(续表)

总账科目	明细科目	借贷方向	余额	账户类型
盈余公积	法定盈余公积	贷	48 300.00	三栏式
	任意盈余公积	贷	48 300.00	三栏式
本年利润	本年利润	贷	1 120 000.00	三栏式
利润分配	提取法定盈余公积	平	0	三栏式
	提取任意盈余公积	平	0	三栏式
	应付股利	平	0	三栏式
	未分配利润	贷	96 134.24	三栏式

(三) 临时性账户明细分类账

2023年12月1日,烟台兴茂机械制造有限公司临时性账户明细分类账如下表所示。

注:临时性账户的明细分类账已在11月30日结转损益,因此期初余额均为0。为防止学生漏登临时性账户明细分类账,学生在建账时,应将临时性明细分类账的科目名称建好。

总账科目	明细科目	借贷方向	余额	账户类型
主营业务收入	抗性消音器	平	0	三栏式
	铝合金油箱	平	0	三栏式
其他业务收入	出售原材料	平	0	三栏式
主营业务成本	抗性消音器	平	0	三栏式
	铝合金油箱	平	0	三栏式
其他业务成本	钢板	平	0	三栏式
税金及附加	—	平	0	三栏式
销售费用	广告费	平	0	多栏式
	展览会费用	平	0	多栏式
	折旧费	平	0	多栏式
	职工薪酬	平	0	多栏式
管理费用	业务招待费	平	0	多栏式
	培训费	平	0	多栏式
	差旅费	平	0	多栏式
	职工薪酬	平	0	多栏式
	折旧费	平	0	多栏式
	其他	平	0	多栏式
营业外支出	捐赠支出	平	0	三栏式
所得税费用	—	平	0	三栏式

(四) 数量金额式账户期初余额

总账科目	明细科目	单位	数量	单价	借贷方向	金额
原材料	钢板	吨	90	3 485.00	借	313 650.00
	铝合金	吨	20	13 500.00	借	270 000.00
库存商品	抗性消音器	件	1 500	211.119 5	借	316 679.25
	铝合金油箱	件	500	368.875 0	借	184 437.50

(五) 生产成本多栏式账户期初余额

明细科目	直接材料	直接人工	制造费用	合计
抗性消音器	1 423.00	3 219.00	1 120.00	5 762.00
铝合金油箱	945.00	1 920.00	815.50	3 680.50

(六) 制造费用明细项目

项目	职工薪酬	折旧费	水电费	办公费	其他	合计

四、实训要求

(1) 掌握三栏式、数量金额式、多栏式明细分类账建账。

(2) 掌握烟台兴茂机械制造有限公司12月1日的总分类账、明细分类账建账。

注意：所有总分类账、明细分类账建账账簿参见《基础会计实训账簿》中实训十二基础会计综合实训部分内容。

实训四 日记账登记和银行存款清查

练习一 日记账登记

一、实训目的

学生通过实训,掌握现金日记账和银行存款日记账的登记。

二、实训资料

烟台兴茂机械制造有限公司2023年4月有关资料如下:
(1) 公司"银行存款"账户2023年4月期初余额为1 979 307.72元。
(2) 公司"库存现金"账户2023年4月期初余额为7 130.00元。
(3) 附公司2023年4月的记账凭证。

三、实训要求

根据记账凭证登记《基础会计实训账簿》中现金日记账和银行存款日记账并结账。

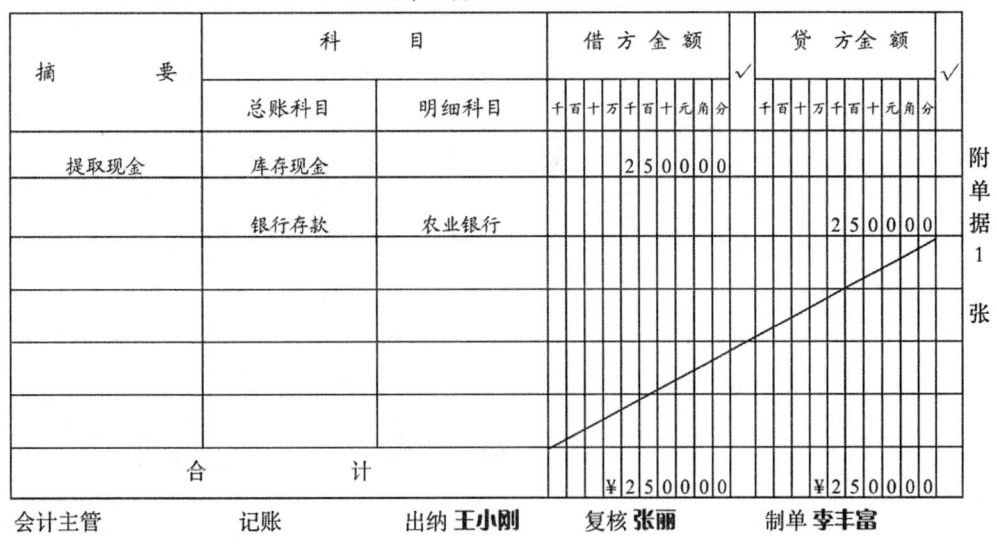

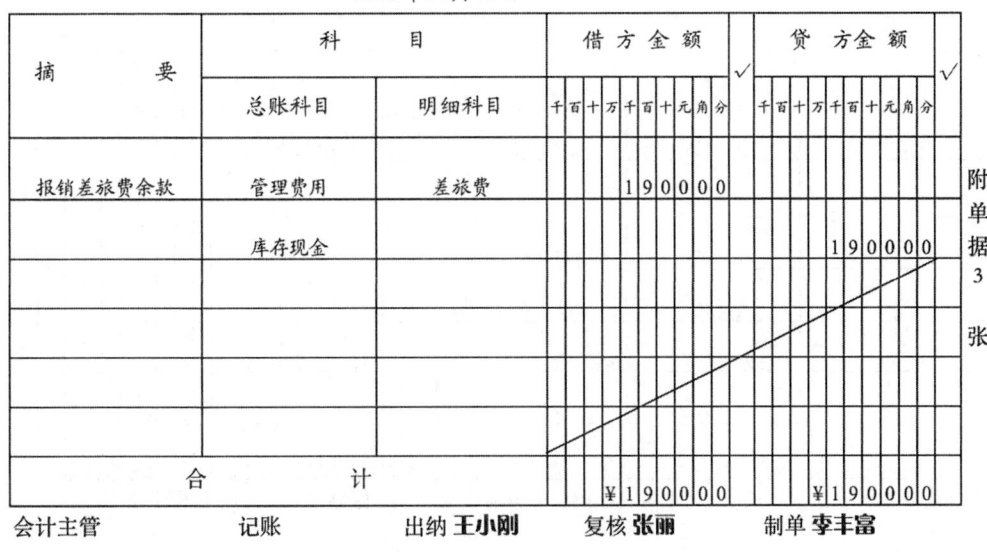

记账凭证

记字第 9 号

2023年04月04日

摘要	科目		借方金额	贷方金额
	总账科目	明细科目	千百十万千百十元角分	千百十万千百十元角分
收回材料余款	银行存款	农业银行	2 1 6 8 2 5	
	其他应收款	重庆华宇机械有限公司		2 1 6 8 2 5
合计			¥2 1 6 8 2 5	¥2 1 6 8 2 5

附单据 1 张

会计主管　　　记账　　　出纳 **王小刚**　　　复核 **张丽**　　　制单 **李丰富**

记账凭证

记字第 10 号

2023年04月04日

摘要	科目		借方金额	贷方金额
	总账科目	明细科目	千百十万千百十元角分	千百十万千百十元角分
交3月各项税费	应交税费	未交增值税	6 2 5 6 5 0 0	
	应交税费	应交城市维护建设税	4 3 7 9 5 5	
	应交税费	应交教育费附加	1 2 5 1 3 0	
	应交税费	应交车船税	3 7 6 4 8	
	应交税费	应交企业所得税	8 5 0 0 0 0	
	银行存款	农业银行		7 7 0 7 2 3 3
合计			¥7 7 0 7 2 3 3	¥7 7 0 7 2 3 3

附单据 5 张

会计主管　　　记账　　　出纳 **王小刚**　　　复核 **张丽**　　　制单 **李丰富**

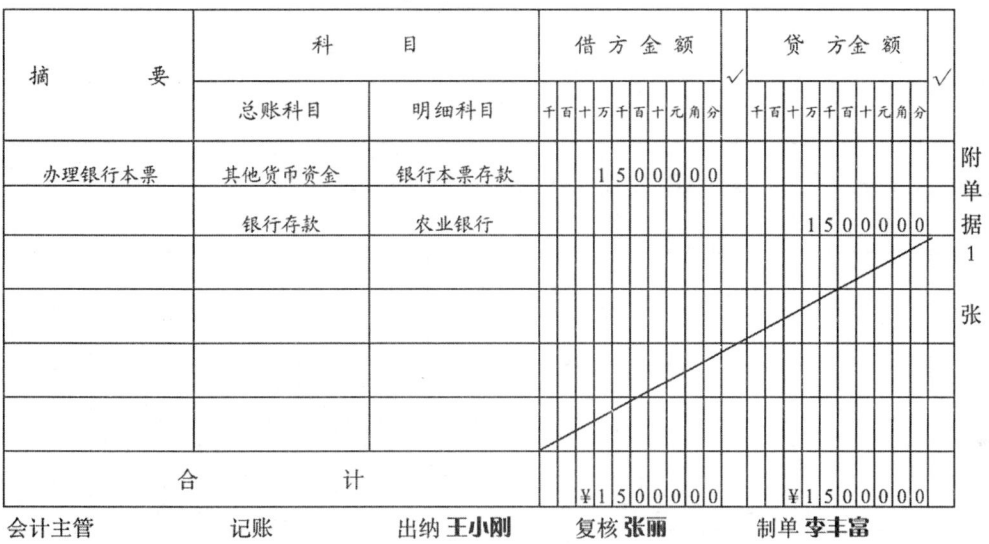

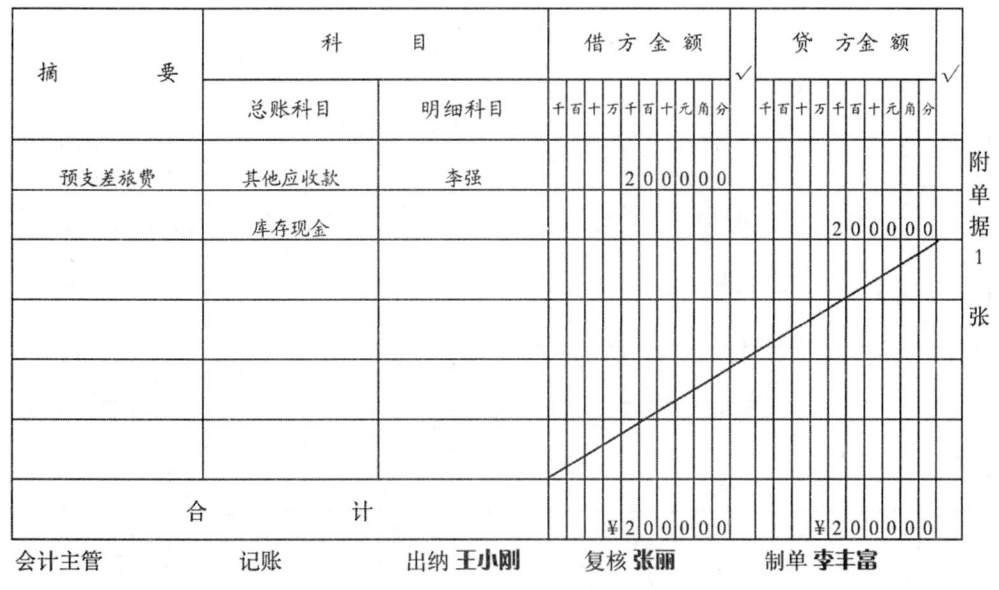

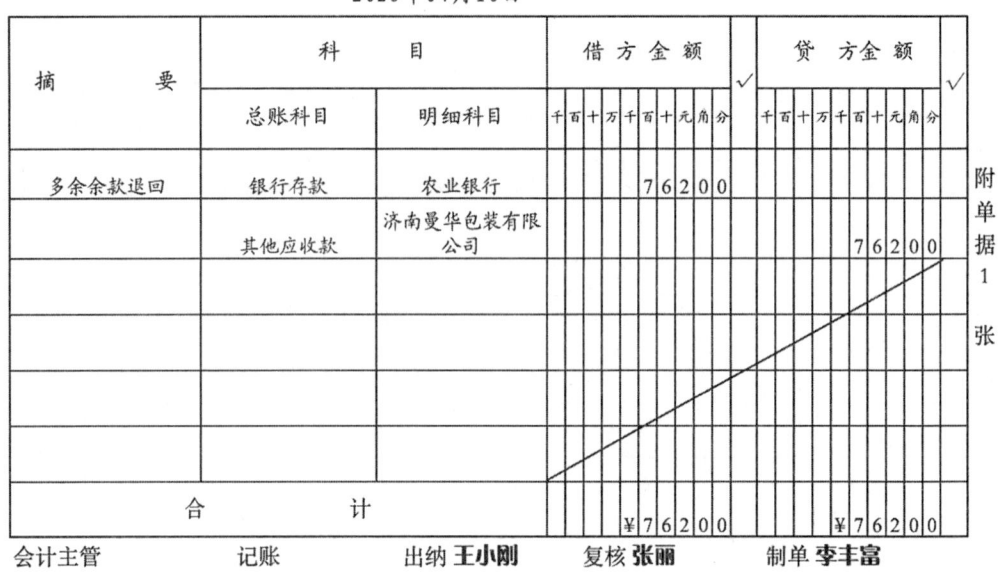

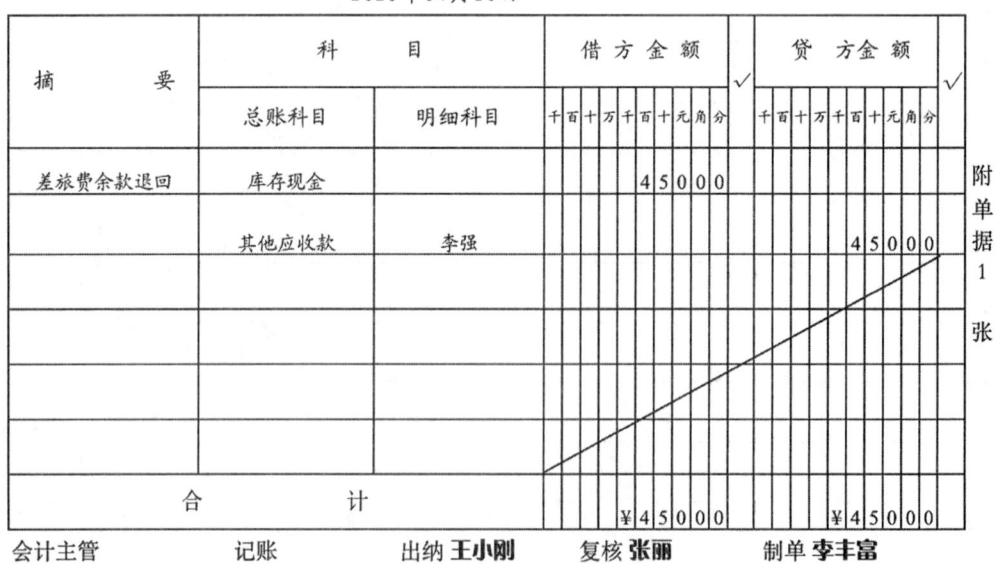

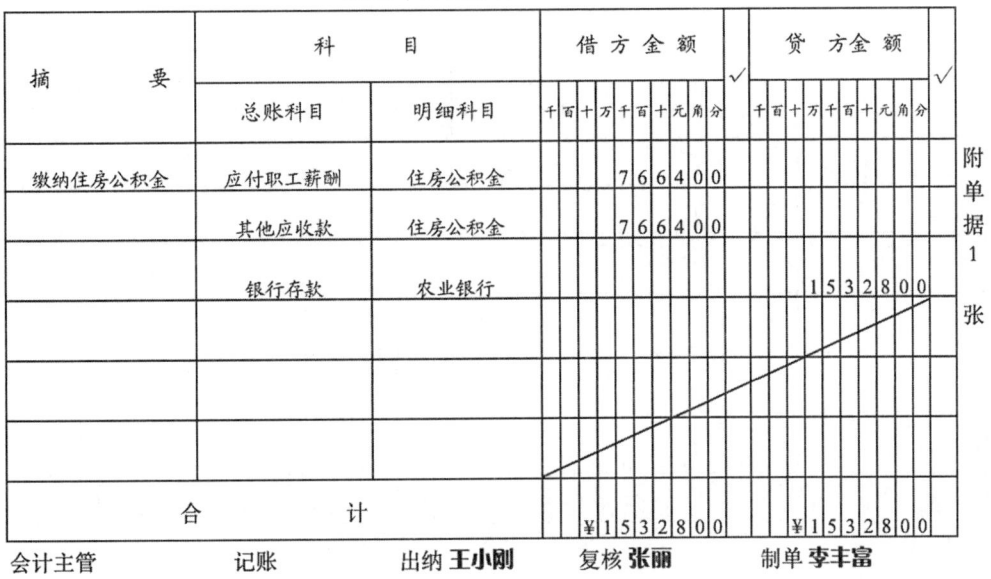

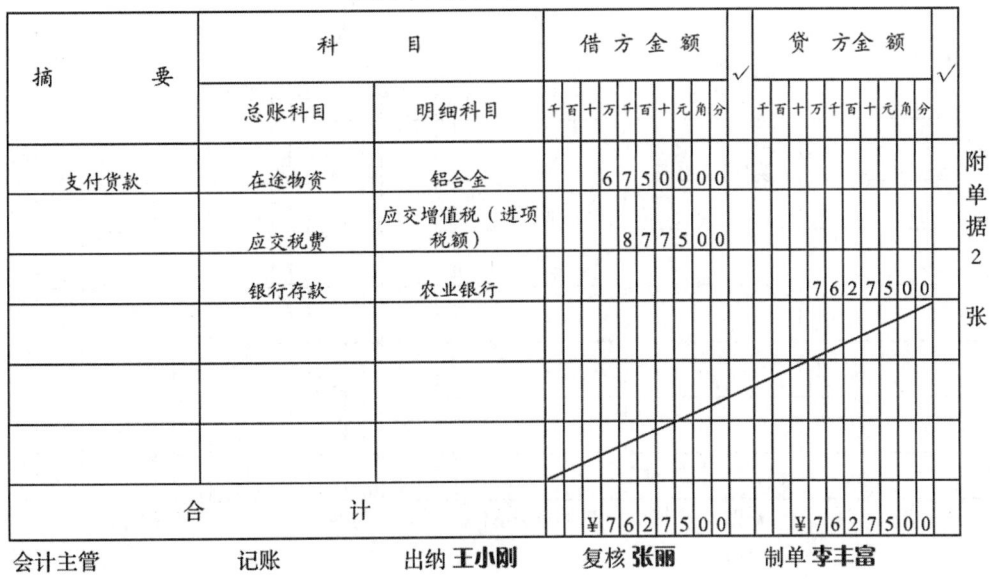

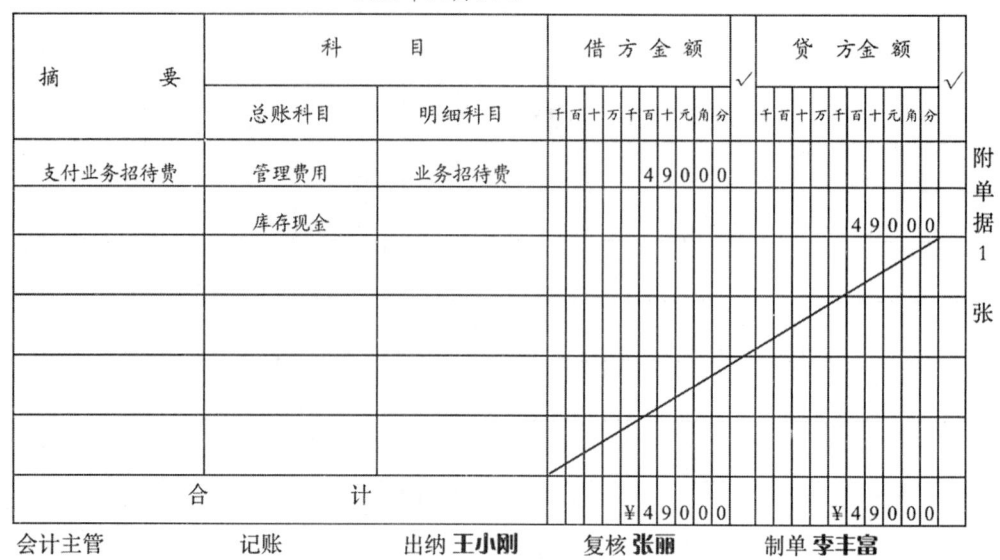

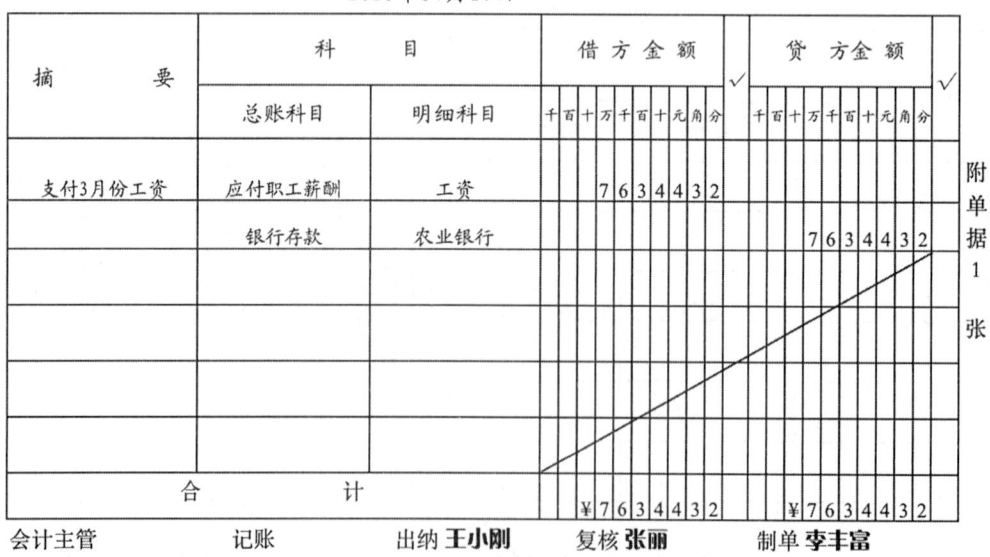

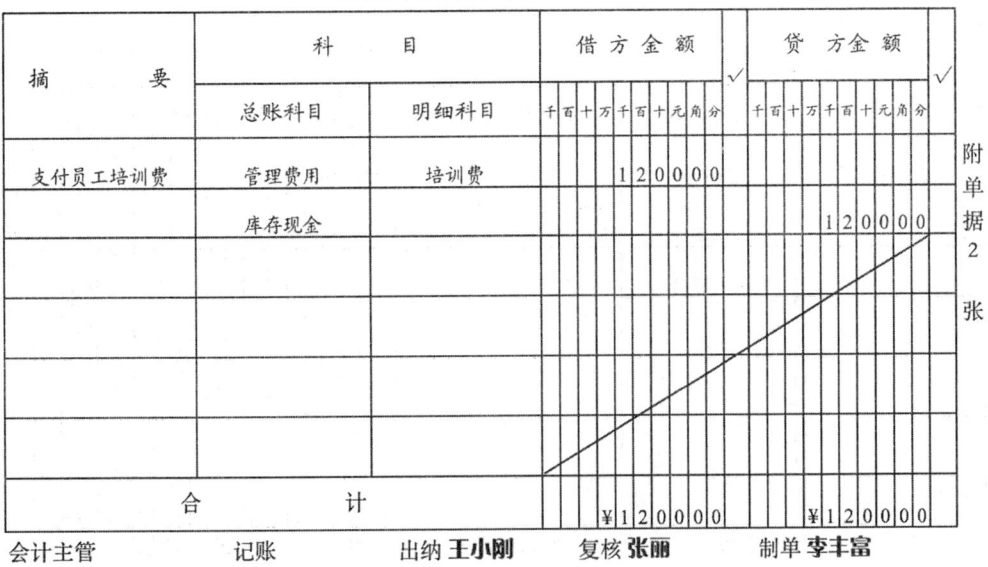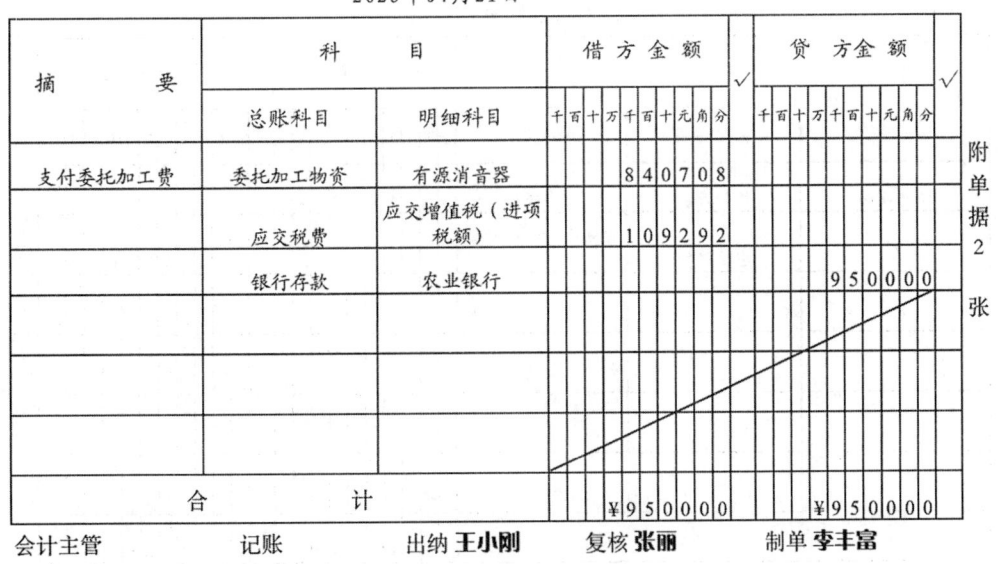

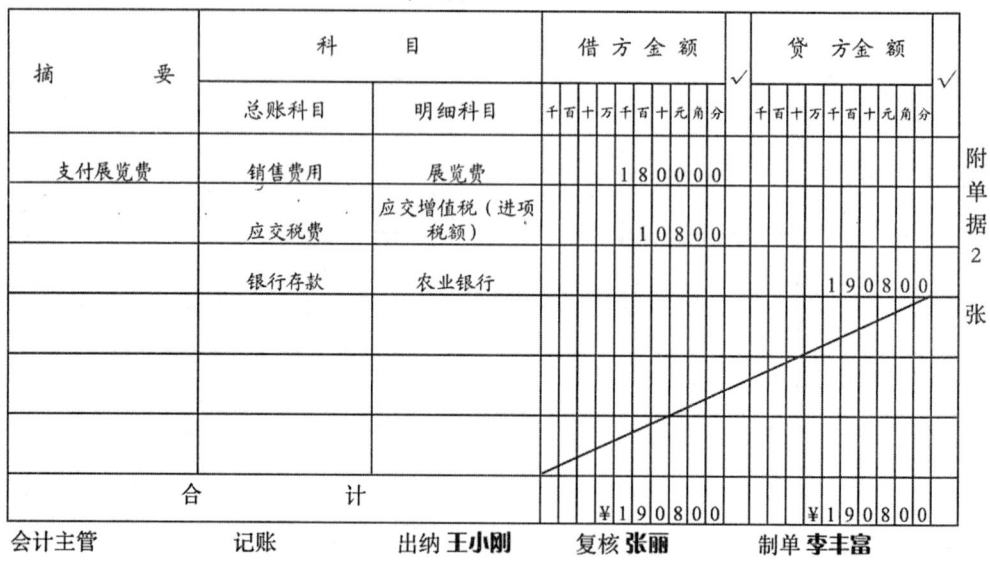

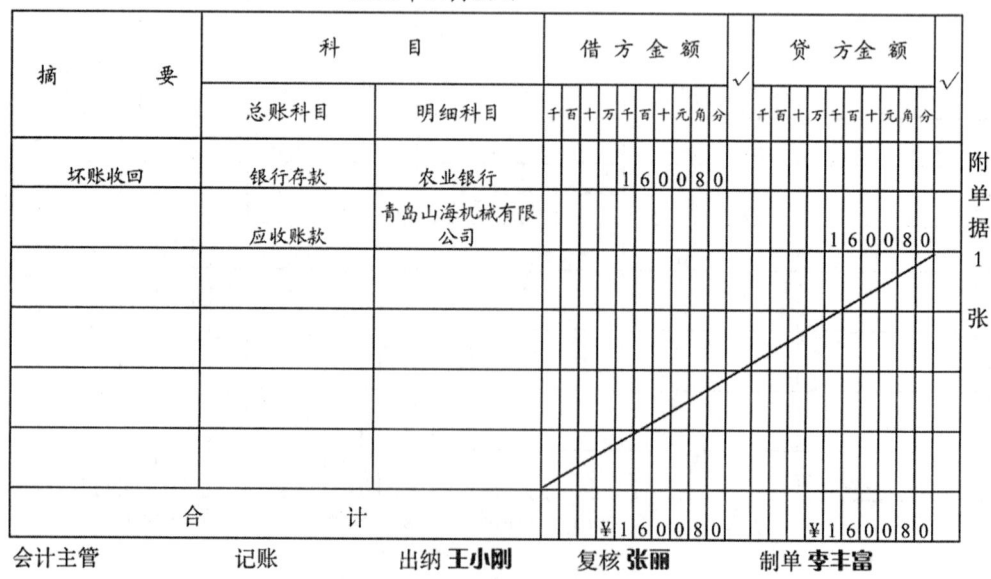

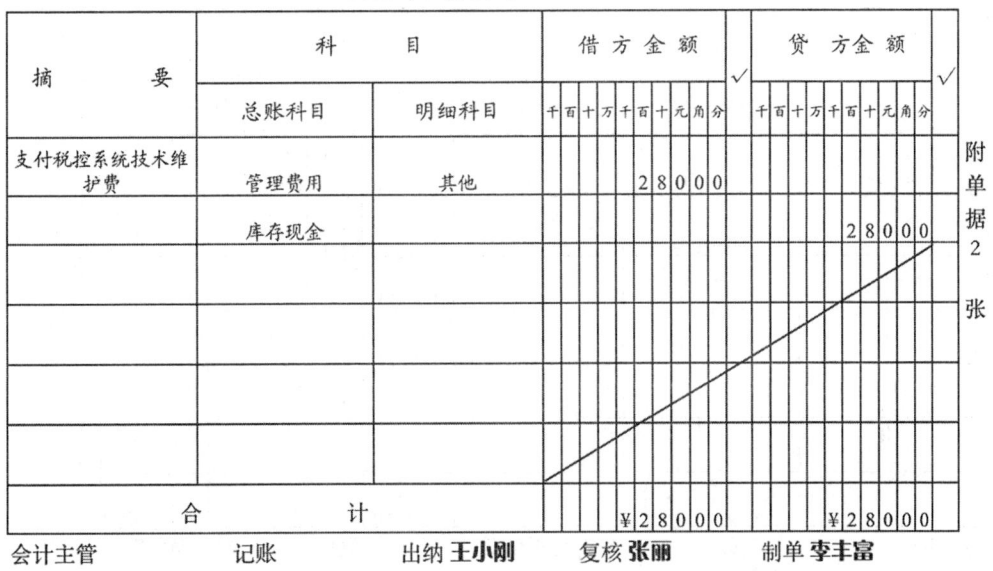

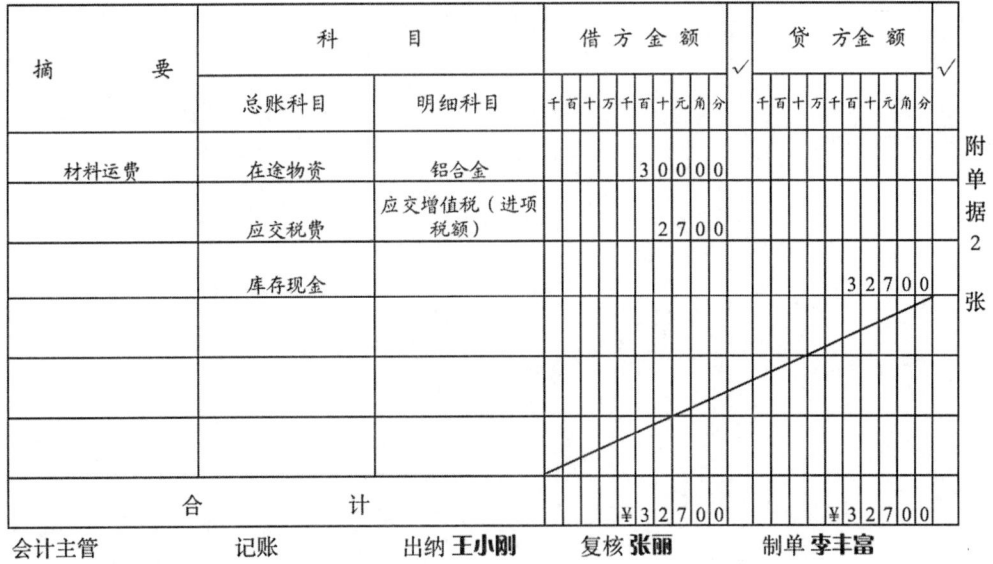

记 账 凭 证

记字第 66 号

2023年04月30日

摘 要	科 目		借方金额	贷方金额
	总账科目	明细科目	千百十万千百十元角分	千百十万千百十元角分
收到投资者投入的货币资金	银行存款	农业银行	5 0 0 0 0 0 0	
	实收资本	烟台海德专用车有限公司		5 0 0 0 0 0 0
合 计			¥5 0 0 0 0 0 0	¥5 0 0 0 0 0 0

附单据 2 张

会计主管　　　记账　　　出纳 **王小刚**　　　复核 **张丽**　　　制单 **李丰富**

练习二　银行存款清查

一、实训目的

学生通过实训,掌握银行存款清查方法、银行存款余额调节表的编制方法。

二、实训指导

银行存款的清查方法以及银行存款余额调节表的编制。

三、实训资料

烟台兴茂机械制造有限公司 2023 年 4 月银行存款对账单如下表所示。

中国农业银行烟台市莱山区支行对账单

户名：烟台兴茂机械制造有限公司　　　　　　打印日期：2023 年 04 月 30 日　第 1 页
账号：15376201040000182

日期	摘要	借方发生额	贷方发生额	余额
20230401	期初余额			1 979 307.72
20230401	提取现金	2 500.00		1 976 807.72
20230401	收回材料余款		2 168.25	1 978 975.97
20230403	交 11 月各项税费	77 072.33		1 901 903.64
20230408	办理银行本票	15 000.00		1 886 903.64
20230410	多余款项退回		762.00	1 887 665.64
20230413	缴纳住房公积金	15 328.00		1 872 337.64
20230414	材料铝合金验收入库	76 275.00		1 796 062.64
20230417	支付 11 月份工资	76 344.32		1 719 718.32
20230421	支付委托加工费	9 500.00		1 710 218.32
20230428	支付货款	27 645.00		1 682 573.32
20230430	收到投资者投入的货币资金		50 000.00	1 732 573.32
20230430	收前欠货款		21 300.00	1 753 873.32

四、实训要求

(1) 逐笔勾对银行存款日记账和银行存款对账单,查出未达账项。
(2) 在《基础会计实训账簿》中编制银行存款余额调节表。

实训五　三栏式明细账登记

一、实训目的

学生通过登记应收账款三栏式明细账，掌握登记三栏式明细账的方法。

二、实训指导

(1) 会计账簿登记的一般规则。

(2) 三栏式明细账登记的基本方法。

三、实训资料

烟台兴茂机械制造有限公司2023年2月份部分经济业务如下：

【1】9日，销售给济南西城机械有限公司抗性消音器，并开出增值税专用发票(号码：03454031)，列明价款98 230.09元，税额12 769.91元，货已发出，货款尚未收到。

（提示：成本结转月末一次进行）

【2】15日，销售给青岛通达汽车配件公司原材料钢板，并开出增值税专用发票(号码：03454047)，列明价款34 000.00元，税额4 420.00元，货已发出，货款尚未收到。

【3】18日，收到济南西城机械有限公司通过企业网上银行转来上月货款155 400.00元。

【4】23日，销售给济南西城机械有限公司铝合金油箱，并开出增值税专用发票(号码：03454052)，列明价款58 407.08元，税额7 592.92元，货已发出，货款尚未收到。

（提示：成本结转月末一次进行）

【5】25日，收到青岛通达汽车配件公司签发的转账支票一张，用来偿还本月15日采购钢板的款项。

（提示：转账支票交与银行，其复印件与银行进账单可做记账凭证的原始票据）

四、实训要求

根据上述经济业务在《基础会计实训账簿》中编制记账凭证并登记应收账款明细账。

业务1

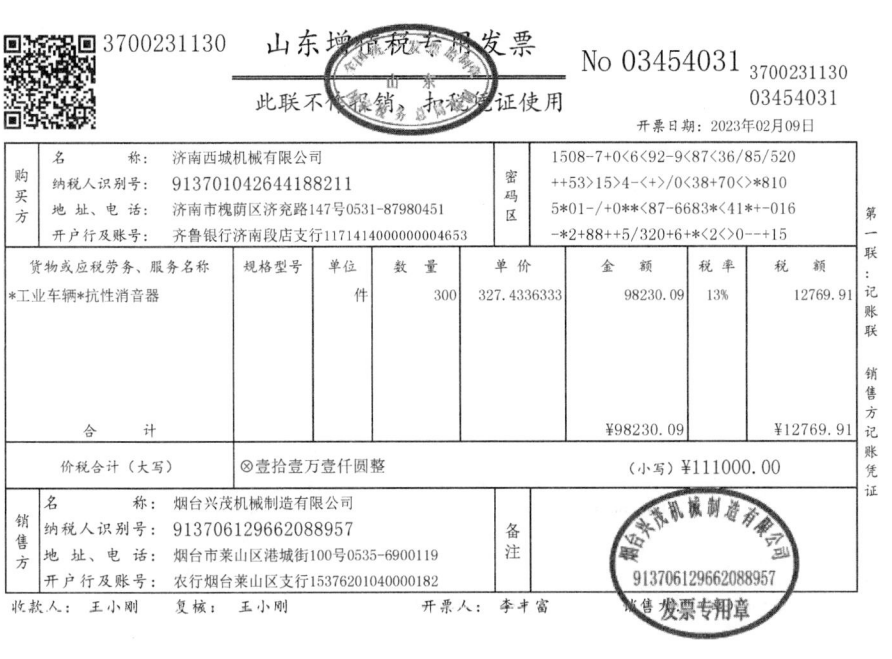

业务2

业务3

中国农业银行　　网上银行电子回单
AGRICULTURAL BANK OF CHINA

电子回单号码：37650400934327325863					
付款方	账　号	1171414000000004653	收款方	账　号	15376201040000182
	户　名	济南西城机械有限公司		户　名	烟台兴茂机械制造有限公司
	开户行	齐鲁银行济南段店支行		开户行	中国农业银行烟台莱山区支行
金额（小写）		¥155 400.00	金额（大写）		壹拾伍万伍仟肆佰元整
币种		人民币	交易渠道		EBNK
摘要		支付货款	凭证号		1171414000000004653
交易时间		2023-02-18 15:18:42	会计日期		20230218
附言					（回单专用章）

打印日期：2023-02-18

业务4

山东增值税专用发票　No 03454052　3700231130
此联不作报销、抵扣凭证使用　　　　　　03454052

开票日期：2023年02月23日

购买方	名　称	济南西城机械有限公司	密码区	7*01-/+0**<21-63546*<1/++62 -*2+88++5/320+6+*<2<>0-+15 1*+-257658-37-+7/8>>>>7354/ -*2+88++5/320+6+*<2<>0-+15
	纳税人识别号	913701042644188211		
	地址、电话	济南市槐荫区济兖路147号0531-87980451		
	开户行及账号	齐鲁银行济南段店支行1171414000000004653		

货物或应税劳务、服务名称	规格型号	单位	数量	单价	金额	税率	税额
*工业车辆*铝合金油箱		件	120	486.7256667	58407.08	13%	7592.92
合　计					¥58407.08		¥7592.92
价税合计（大写）	⊗陆万陆仟圆整				（小写）¥66000.00		

销售方	名　称	烟台兴茂机械制造有限公司	备注	（发票专用章） 烟台兴茂机械制造有限公司 913706129662088957
	纳税人识别号	913706129662088957		
	地址、电话	烟台市莱山区港城街100号0535-6900119		
	开户行及账号	农行烟台莱山区支行15376201040000182		

收款人：王小刚　　复核：王小刚　　开票人：李丰富　　销售方：（发票专用章）

第一联：记账联　销售方记账凭证

业务 5-1

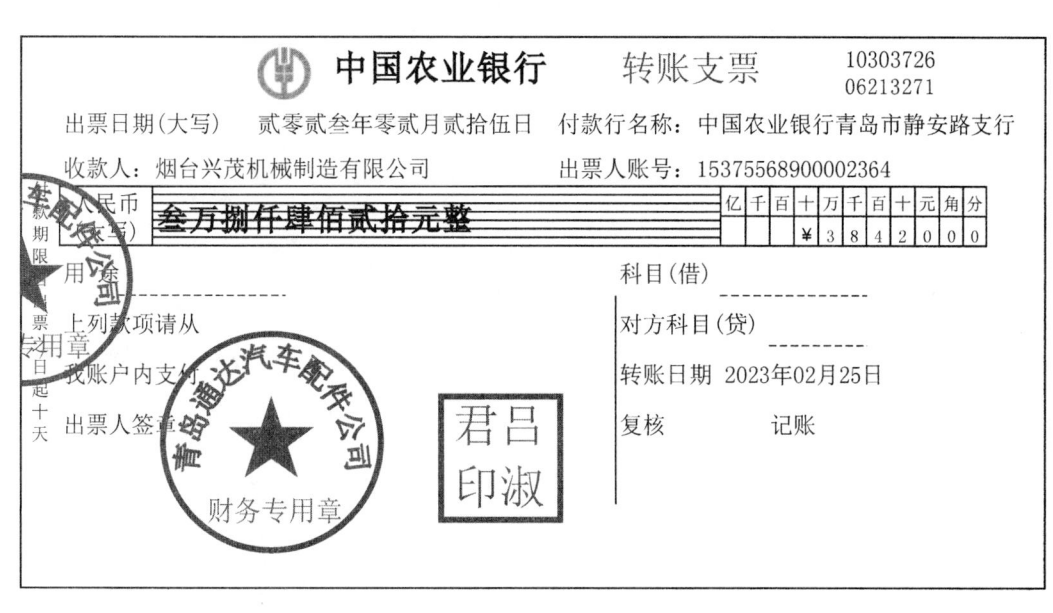

业务 5-2

中国农业银行 进账单（回单）

2023 年 02 月 25 日

出票人	全称	青岛通达汽车配件公司	收款人	全称	烟台兴茂机械制造有限公司	此联是开户银行交给持票人的回单
	账号	15375568900002364		账号	15376201040000182	
	开户银行	中国农业银行青岛市静安路支行		开户银行	中国农业银行烟台莱山区支行	
金额	人民币（大写）	叁万捌仟肆佰贰拾元整		已受理	亿千百十万千百十元角分 ¥3 8 4 2 0 0 0	
票据种类	支票	票据张数	1			
票据号码	06213271					

实训六　数量金额式明细账登记

一、实训目的

学生通过实训,掌握原材料等数量金额式明细账的登记。

二、实训指导

数量金额式明细账的借方、贷方和余额三个栏目内都分设数量、单价和金额三个小栏,借以反映财产物资的实物数量和价值量。这种格式适用于既需要进行金额核算,又需要进行数量核算的各种财产物资的明细核算,如"原材料""库存商品""产成品""周转材料""低值易耗品"等。

三、实训资料

烟台兴茂机械制造有限公司对材料盘点采用永续盘存制,按实际成本计价,材料按品种设置明细账。

2023年9月1日公司"原材料"账户期初余额情况如下表所示。

材料名称	计量单位	数量	单价	金额
钢板	吨	70.00	3 500.00	245 000.00
铝合金	吨	15.00	13 300.00	199 500.00
合计	—	—	—	444 500.00

2023年9月烟台兴茂机械制造有限公司原材料相关经济业务如下:

【1】3日,从重庆华宇机械有限公司购买30吨钢板材料,收到增值税专用发票(号码:07660077),货款已付,材料已验收入库。

【2】10日,生产抗性消音器领用钢板材料20吨,钢板单价为3 500.00元/吨。

【3】16日,向中通工业集团购入5吨铝合金,收到增值税专用发票(号码:07660345),货款已付,材料已验收入库。

【4】26日,生产铝合金油箱领用铝合金10吨,铝合金单价为13 300.00元/吨。

四、实训要求

在《基础会计实训账簿》中完成下列要求:
(1) 根据实训资料开设原材料明细账,并登记期初余额。
(2) 对收料单和领料单进行汇总,编制原材料收发存汇总表。
(3) 根据有关原始凭证分别编制记账凭证。
(4) 根据记账凭证和原材料收发存汇总表原始凭证逐笔登记原材料明细账,并进行期末结账。

业务 1-1

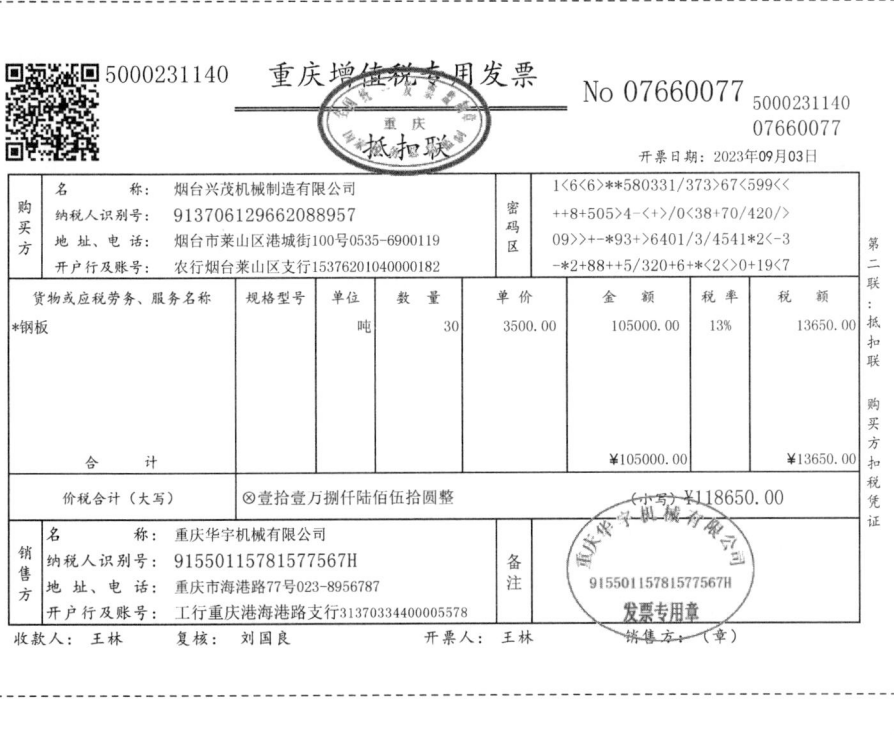

业务 1-2

业务1-3

业务1-4

收 料 单

供货单位：重庆华宇机械有限公司

发票号码：07660077

2023年09月03日

材料类别	名称及规格	计量单位	数量		实际成本	
			应收	实收	单价	金额
钢板		吨	30	30	3 500.00	105 000.00
合 计		吨	30	30	3 500.00	105 000.00

质量检验：刘伟　　　　　　　收料：赵小英

业务2

领 料 单

No.2023047

领料部门：生产车间　　　2023年09月10日

单位：烟台兴茂机械制造有限公司

材料类别	名称及规格	计量单位	数量(吨)		单价(元)	金额(元)	用途	领料人签字
			请领	实领				
钢板		吨	20	20	3 500.00	70 000.00	抗性消音器	贾凯鸿
合计		吨	20	20	3 500.00	70 000.00		

仓库主管：刘伟　　　发料人：赵小英　　　领料部门主管：孙思泽

（记账联）

业务3-1

山东增值税专用发票　抵扣联

No 07660345　　3700232130　07660345

开票日期：2023年09月16日

购买方	名　称：	烟台兴茂机械制造有限公司
	纳税人识别号：	913706129662088957
	地址、电话：	烟台市莱山区港城街100号 0535-6900119
	开户行及账号：	农行烟台莱山区支行15376201040000182

密码区：1<6<6>**580331/373>63523*/6 ++8+505>4-<+>/0<38+756213-+ 09>)+-*93+>6401/3/42234458/ -*2+88++5/320+6+*<2<>0<1+/5

货物或应税劳务、服务名称	规格型号	单位	数量	单价	金额	税率	税额
*铝合金		吨	5	13300.000	66500.00	13%	8645.00
合计					¥66500.00		¥8645.00

价税合计（大写）：⊗柒万伍仟壹佰肆拾伍圆整　　（小写）¥75145.00

销售方	名　称：	中通工业集团
	纳税人识别号：	913706125457K45670
	地址、电话：	烟台市莱山区迎春大街91号 0535-6745914
	开户行及账号：	农行莱山支行15376201061000097

收款人：黄翔　　复核：黄翔　　开票人：于深勇　　销售方：（章）

第二联：抵扣联 购买方扣税凭证

业务 3-2

| 购买方 | 名称： 烟台兴茂机械制造有限公司
纳税人识别号：913706129662088957
地址、电话：烟台市莱山区港城街100号 0535-6900119
开户行及账号：农行烟台莱山区支行15376201040000182 | 密码区 | 1<6<6>**580331/373>63523*/6
++8+505>4-<+>/0<38+756213-+
09>>+-*93+>6401/3/42234458/
-*2+88++5/320+6+*<2<>0<1+/5 |

山东增值税专用发票 No 07660345
3700232130
07660345
开票日期：2023年09月16日

货物或应税劳务、服务名称	规格型号	单位	数量	单价	金额	税率	税额
*铝合金		吨	5	13300.000	66500.00	13%	8645.00
合 计					¥66500.00		¥8645.00
价税合计（大写）	⊗柒万伍仟壹佰肆拾伍圆整						¥75145.00

| 销售方 | 名称： 中通工业集团
纳税人识别号：913706125457K45670
地址、电话：烟台市莱山区迎春大街91号 0535-6745941
开户行及账号：农行莱山区支行15376201061000097 | 备注 | （中通工业集团发票专用章
913706125457K45670） |

收款人：黄翔　　复核：黄翔　　开票人：于深勇　　销售方：（章）

业务 3-3

中国农业银行
转账支票存根
10201110
49860642

附加信息

出票日期　2023年9月16日
收款人：　中通工业集团
金额：　　¥75 145.00
用途：　　购原材料

单位主管 张丽　会计 李丰富

业务 3-4

收 料 单

供货单位：中通工业集团
发票号码：07660345

2023年09月16日

材料类别	名称及规格	计量单位	数量		实际成本	
			应收	实收	单价	金额
铝合金		吨	5	5	13 300.00	66 500.00
合 计		吨	5	5	13 300.00	66 500.00

质量检验：刘伟　　　　　　　　　收料：赵小英

记账联

业务 4

领 料 单

No. 2023055

领料部门：生产车间　　　2023年09月26日
单位：烟台兴茂机械制造有限公司

材料类别	名称及规格	计量单位	数量(吨)		单价(元)	金额(元)	用途	领料人签字
			请领	实领				
铝合金		吨	10	10	13 300.00	133 000.00	铝合金油箱	贾凯鸿
合 计		吨	10	10	13 300.00	133 000.00		

记账联

仓库主管：刘伟　　　发料人：赵小英　　　领料部门主管：孙思泽

原材料收发存汇总表

单位：烟台兴茂机械制造有限公司　　　　　　　　　年　月　日

材料类别	计量单位	期初余额			本期发生额						期末余额		
		单价	数量	金额	收入			发出			单价	数量	金额
					单价	数量	金额	单价	数量	金额			
合计	—	—			—			—			—	—	

实训七 生产成本明细账登记

一、实训目的

学生通过实训,掌握生产成本明细账的登记。

二、实训指导

生产成本明细账采用多栏式明细账的账页格式,根据经营管理的需要,生产成本明细账采用借方多栏式明细账,在账户的"借方"栏再按明细项目分设若干专栏,"贷方"栏与"余额"栏可以设置也可以不设置,一般情况下不设置,此时,贷方金额用红字登记。

三、实训资料

2023年8月1日,烟台兴茂机械制造有限公司"生产成本"账户期初余额情况如下表所示。

明细	直接材料	直接人工	制造费用	合计
抗性消音器	184 000.00	40 000.00	32 500.00	256 500.00
铝合金油箱	110 000.00	35 120.00	25 760.00	170 880.00

2023年8月烟台兴茂机械制造有限公司生产成本相关经济业务如下:

【1】31日,分摊结转职工薪酬费用。基本生产车间职工薪酬费用采用实耗生产工时比例进行分配。

【2】31日,根据原材料收发存汇总表分配结转本月发出材料成本。

【3】31日,分配结转制造费用。结转前制造费用余额为66 000.00元,采用实耗生产工时比例进行分配。

【4】31日,结转本月完工产品成本。假定31日之前没有发生直接计入生产成本的生产费用。

四、实训要求

在《基础会计实训账簿》中完成下列要求:

(1) 根据实训资料开设生产成本明细账,并登记期初余额。
(2) 根据有关原始凭证分别编制记账凭证。
(3) 根据记账凭证逐笔登记生产成本明细账,并进行期末结账。

业务 1-1

烟台兴茂机械制造有限公司职工薪酬费用汇总表

2023年08月31日

部门	基本工资	社保费	住房公积金	工会经费	合计
生产车间	57 480.00	12 700.00	4 500.00	1 200.00	75 880.00
生产管理部门	9 580.00	2 120.00	760.00	200.00	12 660.00
行政管理部门	9 580.00	2 110.00	700.00	180.00	12 570.00
销售部门	19 160.00	4 100.00	1 600.00	380.00	25 240.00
合计	95 800.00	21 030.00	7 560.00	1 960.00	126 350.00

会计：李丰富　　　财务主管：张丽　　　制表：王小刚

业务 1-2

烟台兴茂机械制造有限公司职工薪酬费用分配表

2023年08月31日

部门	总账科目	明细科目	工时（小时）	分配率	分配费用
生产部门	生产成本	抗性消音器	1 200	—	42 000.00
		铝合金油箱	968	—	33 880.00
		小计	2 168	35	75 880.00
生产管理部门	制造费用	职工薪酬	—		12 660.00
行政管理部门	管理费用	职工薪酬	—		12 570.00
销售部门	销售费用	职工薪酬	—		25 240.00
合计			—		126 350.00

会计：李丰富　　　财务主管：张丽　　　制表：王小刚

业务 2

原材料收发存汇总表

2023年08月31日

单位：烟台兴茂机械制造有限公司

材料类别	计量单位	期初余额			本期发生额						期末余额		
					收入			发出					
		单价	数量	金额	数量	单价	金额	用途	数量	单价	金额	数量	金额
钢板	吨	3 500.00	50	175 000.00	30	3 500.00	105 000.00	抗性消音器	60	3 500.00	210 000.00	20	70 000.00
铝合金	吨	13 300.00	5	66 500.00	15	13 300.00	199 500.00	铝合金油箱	10	13 300.00	133 000.00	10	133 000.00
合计				241 500.00			304 500.00				343 000.00		203 000.00

会计：李丰雪　　财务主管：张源　　制表：王小刚

业务3

烟台兴茂机械制造有限公司制造费用分配表

2023年08月31日

借方科目	明细科目	工时(小时)	分配率	制造费用分配金额(元)
生产成本	抗性消音器	1 200	—	36 000.00
	铝合金油箱	1 000	—	30 000.00
合 计		2 200	30.00	66 000.00

会计：李丰富　　　　　财务主管：张丽　　　　　制表：王小刚

业务4-1

烟台兴茂机械制造有限公司在产品收发存汇总表

2023年08月31日

产品名称	计量单位	月初在产品数量	本月投产数量	本月完工数量	月末在产品数量
抗性消音器	件	900	1 100	1 200	800
铝合金油箱	件	350	450	500	300

会计：李丰富　　　　　财务主管：张丽　　　　　制表：王小刚

业务 4-2

抗性消音器完工产品、在产品分配表

单位：烟台兴茂机械制造有限公司　　　　　　　　　　　日期：2023年08月31日

生产成本——抗性消音器	直接材料	直接人工	制造费用	合　计
期　初	184 000.00	40 000.00	32 500.00	256 500.00
本月发生	210 000.00	42 000.00	36 000.00	288 000.00
合　计	394 000.00	82 000.00	68 500.00	544 500.00
分配率	197.0000	51.2500	42.8125	—
完工产品	236 400.00	61 500.00	51 375.00	349 275.00
在 产 品	157 600.00	20 500.00	17 125.00	195 225.00

会计：李丰富　　　　　　财务主管：张丽　　　　　　制表：王小刚

业务 4-3

铝合金油箱完工产品、在产品分配表

单位：烟台兴茂机械制造有限公司　　　　　　　　　　　日期：2023年08月31日

生产成本——铝合金油箱	直接材料	直接人工	制造费用	合　计
期　初	110 000.00	35 120.00	25 760.00	170 880.00
本月发生	133 000.00	33 880.00	30 000.00	196 880.00
合　计	243 000.00	69 000.00	55 760.00	367 760.00
分配率	303.75	50.00	82.00	—
完工产品	151 875.00	25 000.00	41 000.00	217 875.00
在 产 品	91 125.00	44 000.00	14 760.00	149 885.00

会计：李丰富　　　　　　财务主管：张丽　　　　　　制表：王小刚

实训八　管理费用明细账登记

一、实训目的

学生通过实训,掌握管理费用明细账登记。

二、实训资料

烟台兴茂机械制造有限公司 2023 年 12 月有关"管理费用"账户的记账凭证。

三、实训要求

根据记账凭证登记《基础会计实训账簿》中管理费用明细分类账。

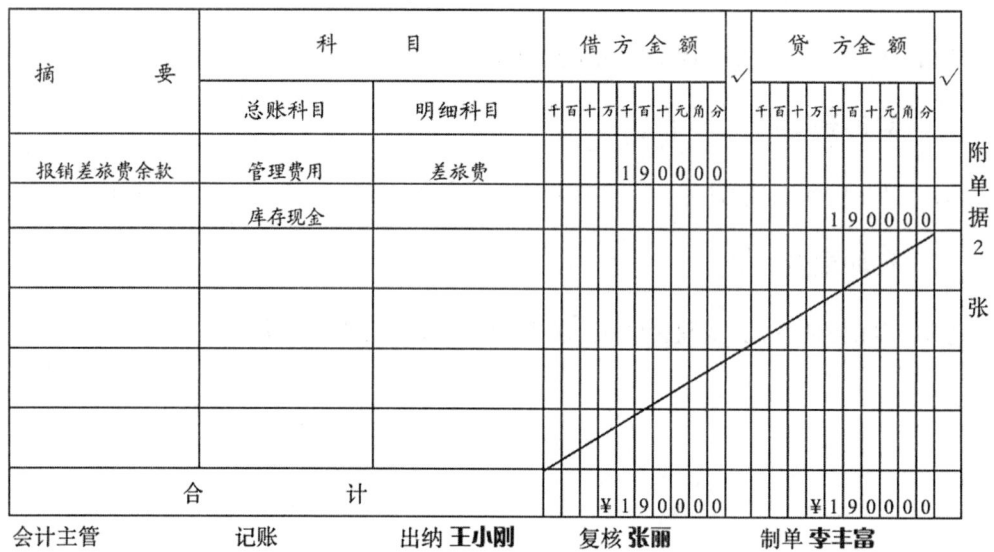

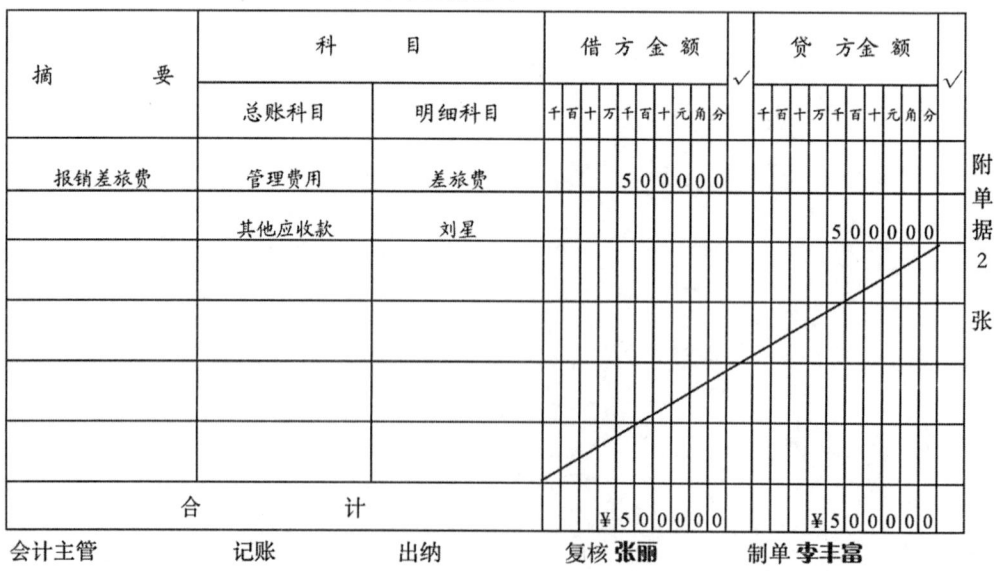

记账凭证

记字第 9 号

2023年12月05日

摘要	科目		借方金额	贷方金额
	总账科目	明细科目	千百十万千百十元角分	千百十万千百十元角分
报刊订阅费摊销	管理费用	其他	2 7 5 2 3	
	预付账款	预付报刊订阅费		2 7 5 2 3
	合 计		¥ 2 7 5 2 3	¥ 2 7 5 2 3

会计主管　　　记账　　　出纳　　　复核 **张丽**　　　制单 **李丰富**

附单据 1 张

记账凭证

记字第 20 号

2023年12月10日

摘要	科目		借方金额	贷方金额
	总账科目	明细科目	千百十万千百十元角分	千百十万千百十元角分
报销差旅费	管理费用	差旅费	1 5 5 0 0 0	
	其他应收款	李强		1 5 5 0 0 0
	合 计		¥ 1 5 5 0 0 0	¥ 1 5 5 0 0 0

会计主管　　　记账　　　出纳　　　复核 **张丽**　　　制单 **李丰富**

附单据 1 张

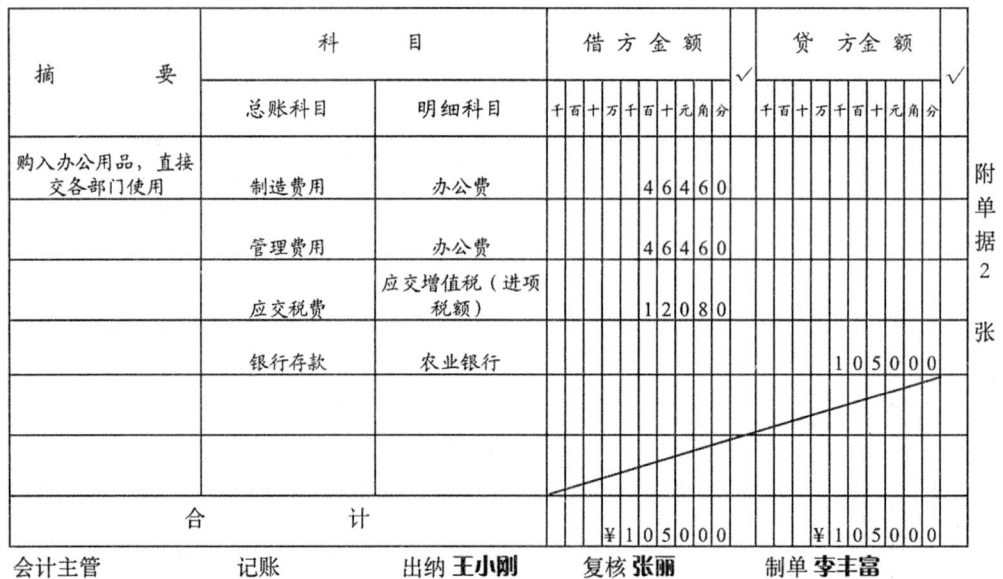

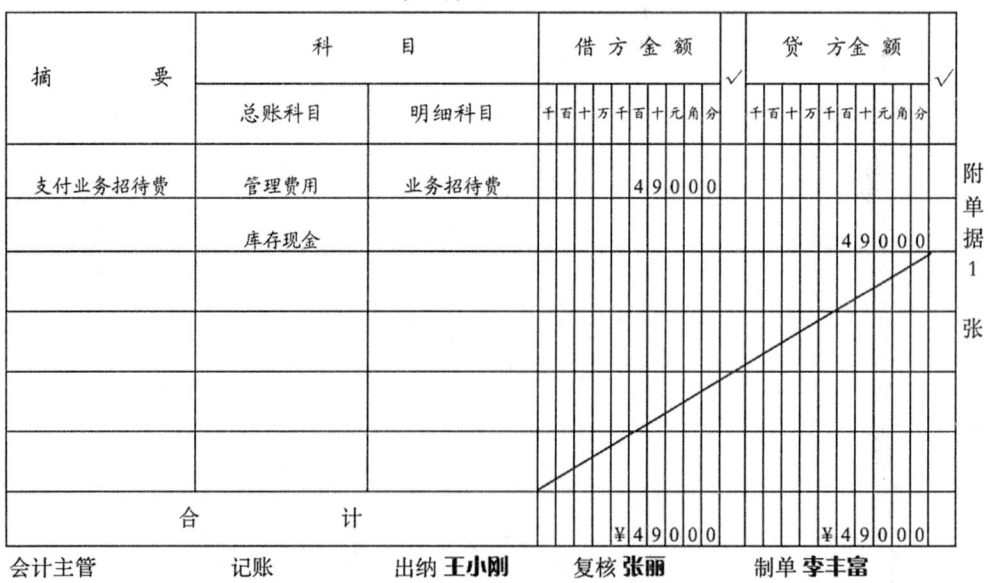

记账凭证

记字第 33 号

2023年12月18日

摘要	科目		借方金额	贷方金额
	总账科目	明细科目	千百十万千百十元角分	千百十万千百十元角分
支付设备维修费	管理费用	修理费	2 9 6 4 6 0	
	应交税费	应交增值税（进项税额）	3 8 5 4 0	
	银行存款	农业银行		3 3 5 0 0 0
合　　　计			¥ 3 3 5 0 0 0	¥ 3 3 5 0 0 0

会计主管　　　记账　　　出纳 **王小刚**　　　复核 **张丽**　　　制单 **李丰富**

附单据 1 张

记账凭证

记字第 36 号

2023年12月20日

摘要	科目		借方金额	贷方金额
	总账科目	明细科目	千百十万千百十元角分	千百十万千百十元角分
支付员工培训费	管理费用	其他	1 2 0 0 0 0	
	库存现金			1 2 0 0 0 0
合　　　计			¥ 1 2 0 0 0 0	¥ 1 2 0 0 0 0

会计主管　　　记账　　　出纳 **王小刚**　　　复核 **张丽**　　　制单 **李丰富**

附单据 2 张

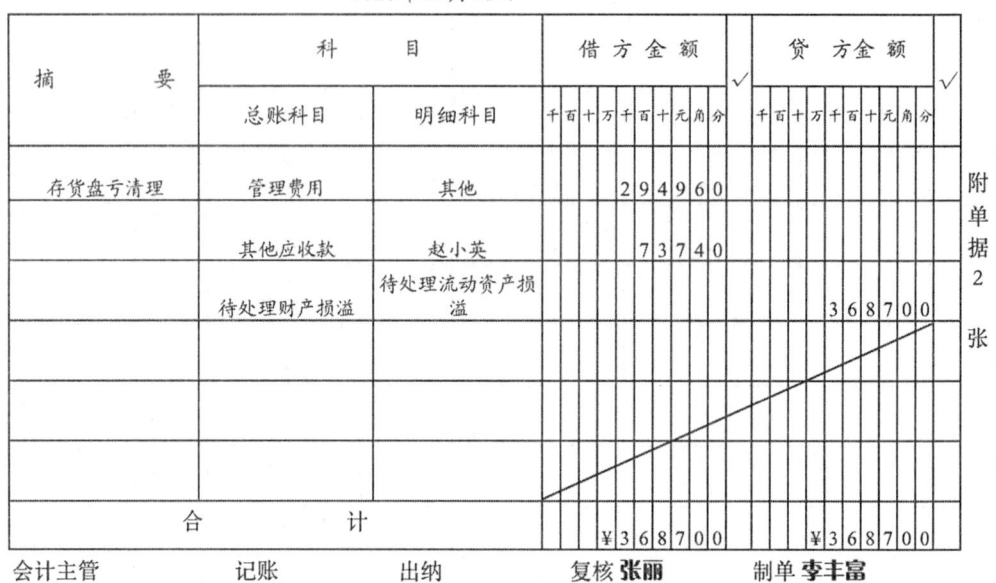

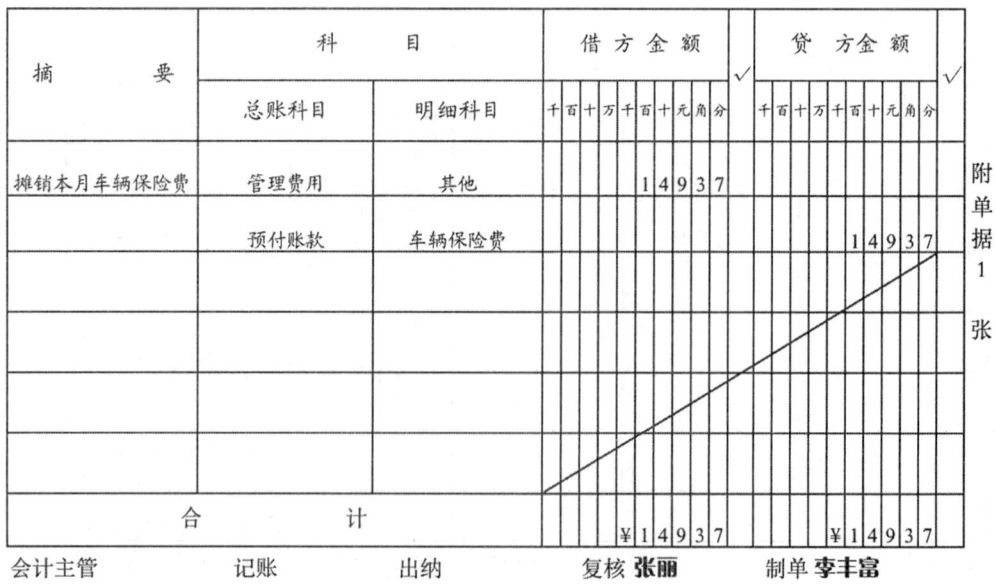

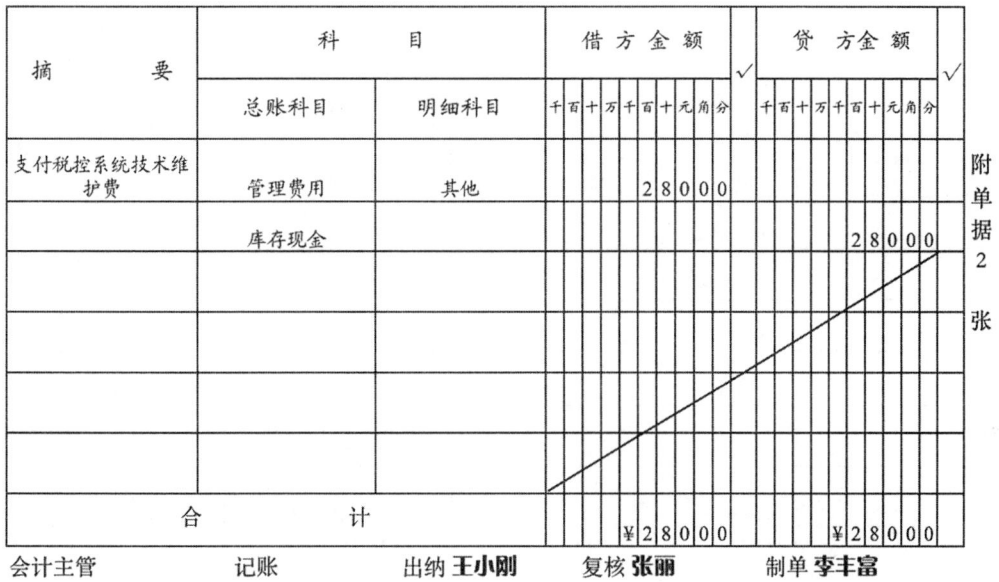

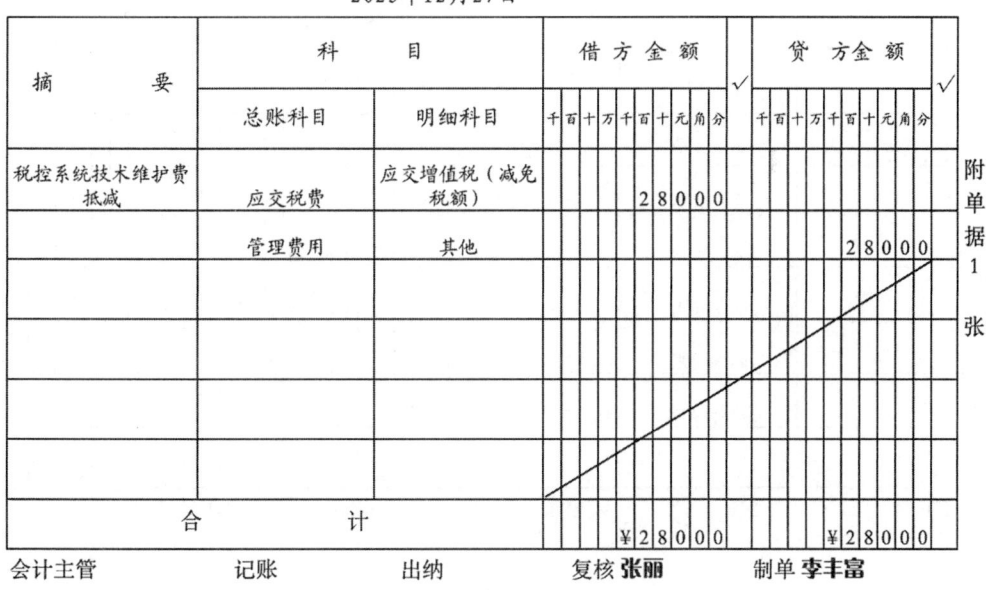

记 账 凭 证

记字第 _55_ 号

2023年12月31日

摘要	科目		借方金额	贷方金额
	总账科目	明细科目	千百十万千百十元角分	千百十万千百十元角分
计提12月份职工薪酬费用	管理费用	职工薪酬	1 2 6 5 6 8 4	
	应付职工薪酬	工资		9 5 8 0 0 0
	应付职工薪酬	社会保险金		2 1 1 8 8 4
	应付职工薪酬	住房公积金		7 6 6 4 0
	应付职工薪酬	工会经费		1 9 1 6 0
合计			¥1 2 6 5 6 8 4	¥1 2 6 5 6 8 4

附单据 4 张

会计主管　　　记账　　　出纳　　　复核 **张丽**　　　制单 **李丰富**

记 账 凭 证

记字第 _56_ 号

2023年12月31日

摘要	科目		借方金额	贷方金额
	总账科目	明细科目	千百十万千百十元角分	千百十万千百十元角分
计提12月份水费	生产成本	抗性消音器	5 9 3 3 4	
	生产成本	铝合金油箱	4 9 4 0 9	
	制造费用	水电费	3 6 2 4 8	
	管理费用	水电费	1 8 1 2 4	
	销售费用	水电费	1 8 1 2 4	
	应付账款	烟台市自来水公司		1 8 1 2 3 9
合计			¥1 8 1 2 3 9	¥1 8 1 2 3 9

附单据 4 张

会计主管　　　记账　　　出纳　　　复核 **张丽**　　　制单 **李丰富**

记账凭证

记字第 _57_ 号

2023年12月31日

摘要	科目		借方金额	贷方金额
	总账科目	明细科目	千百十万千百十元角分	千百十万千百十元角分
计提12月份电费	生产成本	抗性消音器	8 7 2 6 3	
	生产成本	铝合金油箱	7 2 6 6 6	
	制造费用	水电费	5 3 3 1 0	
	管理费用	水电费	2 6 6 5 5	
	销售费用	水电费	2 6 6 5 5	
	应付账款	烟台市供电局		2 6 6 5 4 9
合 计			¥ 2 6 6 5 4 9	¥ 2 6 6 5 4 9

附单据 4 张

会计主管　　记账　　出纳　　复核 **张丽**　　制单 **李丰富**

记账凭证

记字第 _58_ 号

2023年12月31日

摘要	科目		借方金额	贷方金额
	总账科目	明细科目	千百十万千百十元角分	千百十万千百十元角分
计提固定资产折旧	制造费用	折旧	4 7 6 7 2 0 6	
	管理费用	折旧	5 9 1 9 2 3	
	累计折旧	建筑物		1 0 5 2 9 1 7
	累计折旧	机器设备		3 8 4 6 1 3 2
	累计折旧	办公设备		4 6 0 0 8 0
合 计			¥ 5 3 5 9 1 2 9	¥ 5 3 5 9 1 2 9

附单据 1 张

会计主管　　记账　　出纳　　复核 **张丽**　　制单 **李丰富**

记账凭证

记字第 59 1/2 号

2023年12月31日

摘要	科目		借方金额	贷方金额
	总账科目	明细科目	千百十万千百十元角分	千百十万千百十元角分
结转费用	本年利润		9 5 5 7 5 1 4 0	
	公允价值变动损益			1 6 5 0 0 0 0
	主营业务成本			8 2 1 5 3 0 6 5
	税金及附加			1 5 6 8 8 7 4
	销售费用			3 1 7 1 4 5 6
	管理费用			3 5 9 6 7 2 6
合计			¥ 9 5 5 7 5 1 4 0	¥ 9 2 1 4 0 1 2 1

会计主管　　记账　　出纳　　复核 **张丽**　　制单 **李丰富**

记账凭证

记字第 59 2/2 号

2023年12月31日

摘要	科目		借方金额	贷方金额
	总账科目	明细科目	千百十万千百十元角分	千百十万千百十元角分
结转费用	财务费用			1 2 0 9 0 3 1
	资产减值损失			7 5 1 5 4 0
	营业外支出			1 4 7 4 4 4 8
合计			¥ 9 5 5 7 5 1 4 0	¥ 9 5 5 7 5 1 4 0

会计主管　　记账　　出纳　　复核 **张丽**　　制单 **李丰富**

实训九　总分类账登记

一、实训目的

学生通过实训,掌握账务处理程序中科目汇总表的编制与总分类账的登记方法。

二、实训指导

(1) 科目汇总表账务处理程序及编制方法。
(2) 总分类账登记的基本方法。

三、实训资料

烟台兴茂机械制造有限公司分别于每月 15 日和每月最后一日编制科目汇总表。附烟台兴茂机械制造有限公司 2023 年 5 月的记账凭证。

四、实训要求

依据科目汇总表账务处理程序,根据烟台兴茂机械制造有限公司 2023 年 5 月的记账凭证在《基础会计实训账簿》中编制科目汇总表并登记总分类账。

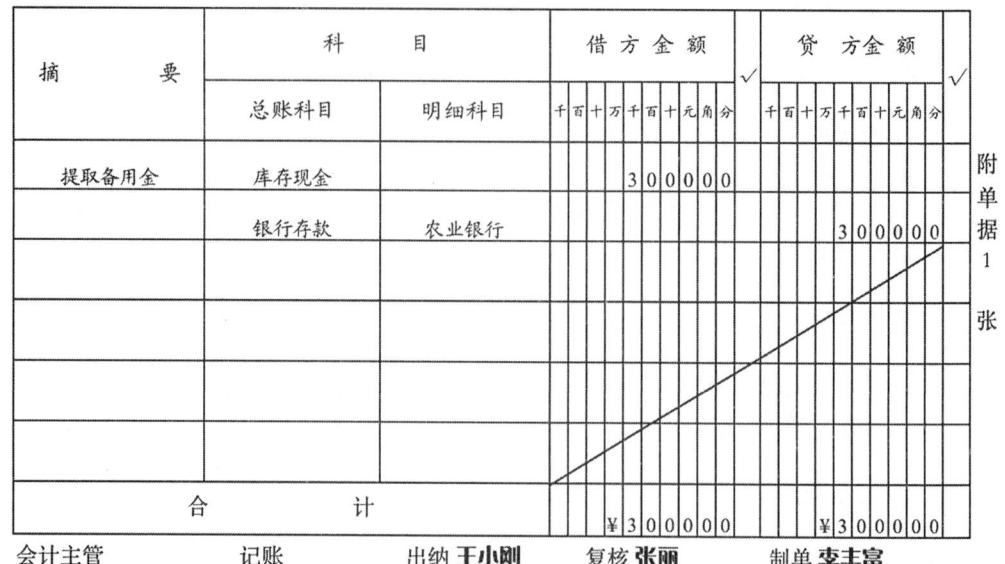

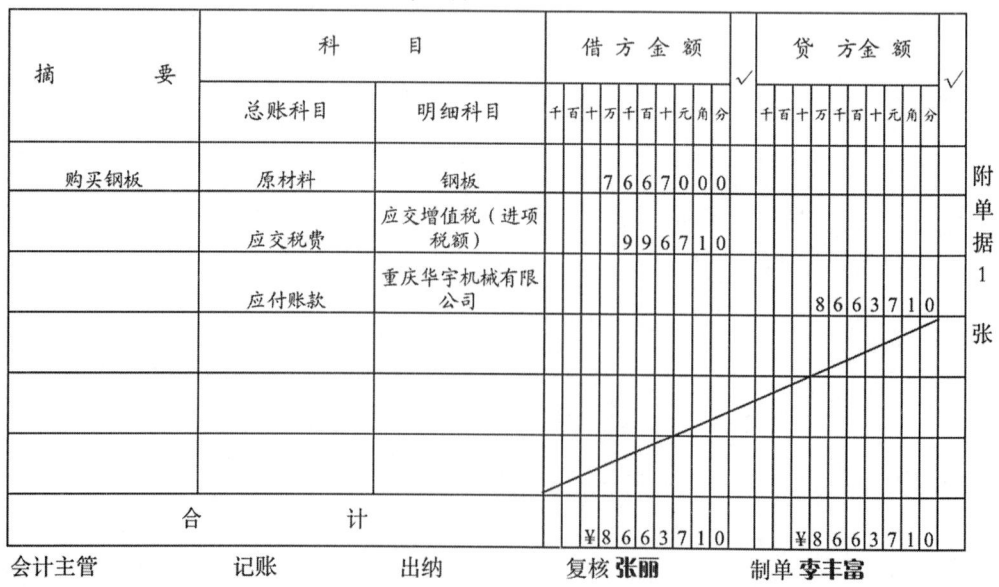

记账凭证

记字第 _3_ 号

2023年05月05日

摘要	科目		借方金额	贷方金额
	总账科目	明细科目	千百十万千百十元角分	千百十万千百十元角分
交4月各项税费	应交税费	未交增值税	2960883	
	应交税费	应交城市维护建设税	207262	
	应交税费	应交教育费附加	88826	
	应交税费	应交车船税	11362	
	应交税费	应交企业所得税	438500	
	银行存款	农业银行		3706833
合计			¥3706833	¥3706833

附单据 8 张

会计主管　　记账　　出纳 **王小刚**　　复核 **张丽**　　制单 **李丰富**

记账凭证

记字第 _4_ 号

2023年05月07日

摘要	科目		借方金额	贷方金额
	总账科目	明细科目	千百十万千百十元角分	千百十万千百十元角分
领用材料	生产成本	铝合金油箱	1008543 2	
	制造费用	材料费	13512 0	
	原材料	铝合金		1022055 2
合计			¥1022055 2	¥1022055 2

附单据 4 张

会计主管　　记账　　出纳　　复核 **张丽**　　制单 **李丰富**

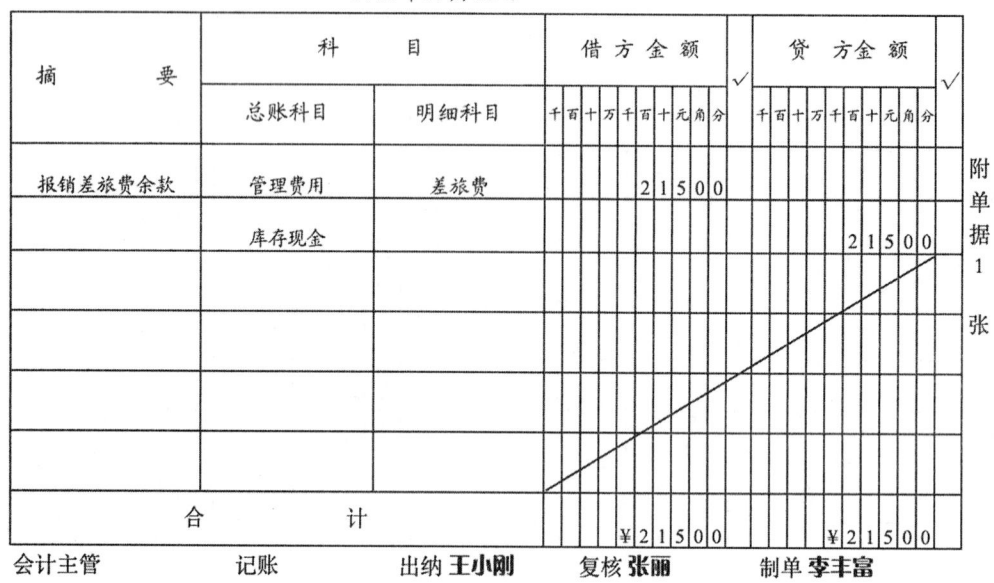

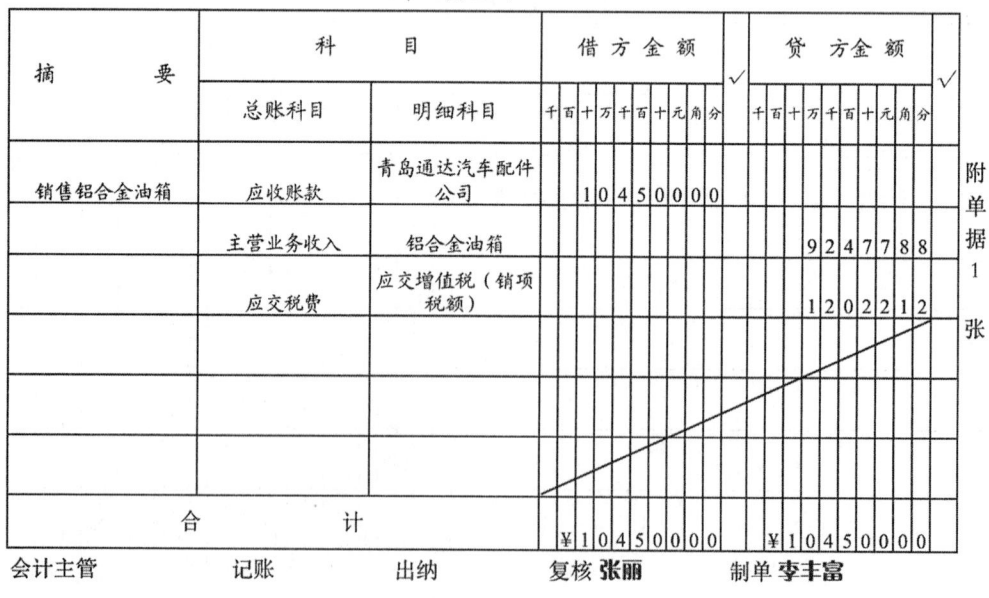

记账凭证

记字第 _7_ 号

2023年05月13日

摘要	科目		借方金额	√	贷方金额	√
	总账科目	明细科目	千百十万千百十元角分		千百十万千百十元角分	
预收济南信达汽车配件有限公司货款	银行存款	农业银行	4 0 0 0 0 0 0			
	预收账款	济南信达汽车配件有限公司			4 0 0 0 0 0 0	
合计			¥ 4 0 0 0 0 0 0		¥ 4 0 0 0 0 0 0	

附单据1张

会计主管　　　记账　　　出纳 **王小刚**　　　复核 **张丽**　　　制单 **李丰富**

记账凭证

记字第 _8_ 号

2023年05月15日

摘要	科目		借方金额	√	贷方金额	√
	总账科目	明细科目	千百十万千百十元角分		千百十万千百十元角分	
支付业务招待费	管理费用	业务招待费	3 6 8 0 0			
	库存现金				3 6 8 0 0	
合计			¥ 3 6 8 0 0		¥ 3 6 8 0 0	

附单据1张

会计主管　　　记账　　　出纳 **王小刚**　　　复核 **张丽**　　　制单 **李丰富**

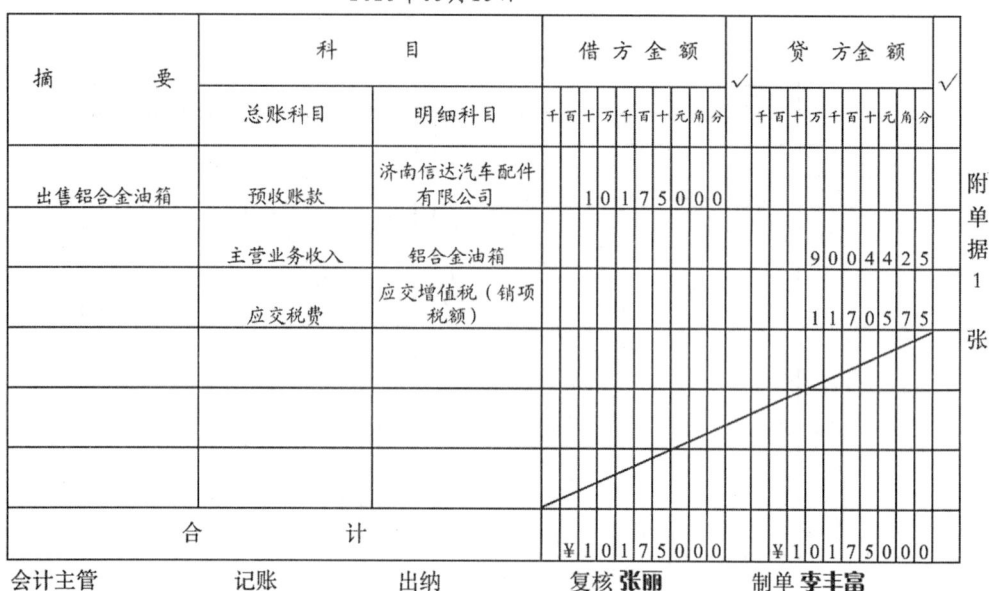

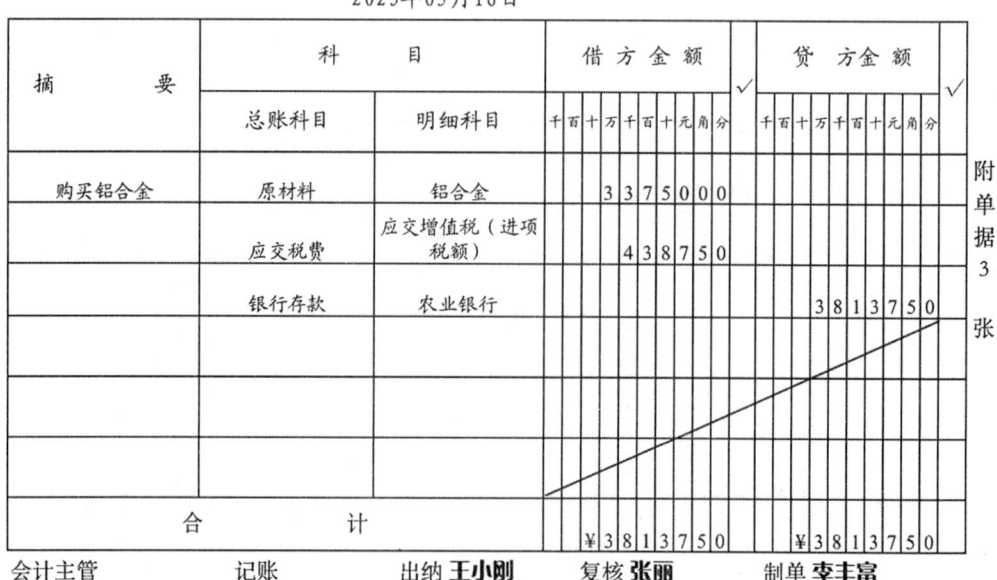

记账凭证

记字第 11 号

2023年05月18日

摘要	科目		借方金额	贷方金额
	总账科目	明细科目	千百十万千百十元角分	千百十万千百十元角分
收回济南信达汽车配件有限公司货款	银行存款	农业银行	6 1 7 5 0 0 0	
	预收账款	济南信达汽车配件有限公司		6 1 7 5 0 0 0
合计			¥6 1 7 5 0 0 0	¥6 1 7 5 0 0 0

会计主管　　记账　　出纳 **王小刚**　　复核 **张丽**　　制单 **李丰富**

附单据 1 张

记账凭证

记字第 12 号

2023年05月19日

摘要	科目		借方金额	贷方金额
	总账科目	明细科目	千百十万千百十元角分	千百十万千百十元角分
支付办公用品费	管理费用	办公费	3 0 9 7 3	
	销售费用	办公费	2 4 7 7 9	
	制造费用	办公费	2 1 6 8 2	
	应交税费	应交增值税（进项税额）	1 0 0 6 6	
	库存现金			8 7 5 0 0
合计			¥8 7 5 0 0	¥8 7 5 0 0

会计主管　　记账　　出纳 **王小刚**　　复核 **张丽**　　制单 **李丰富**

附单据 2 张

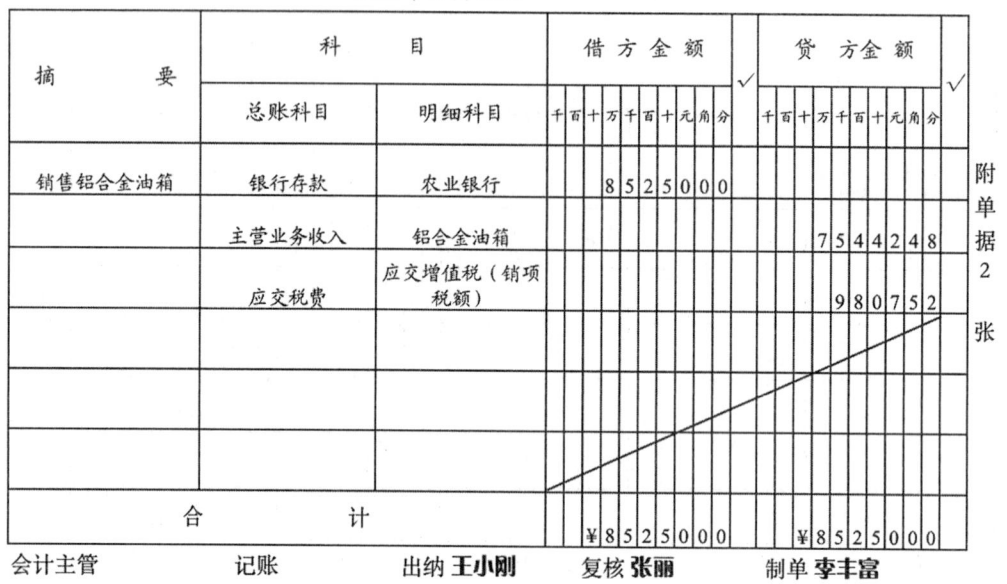

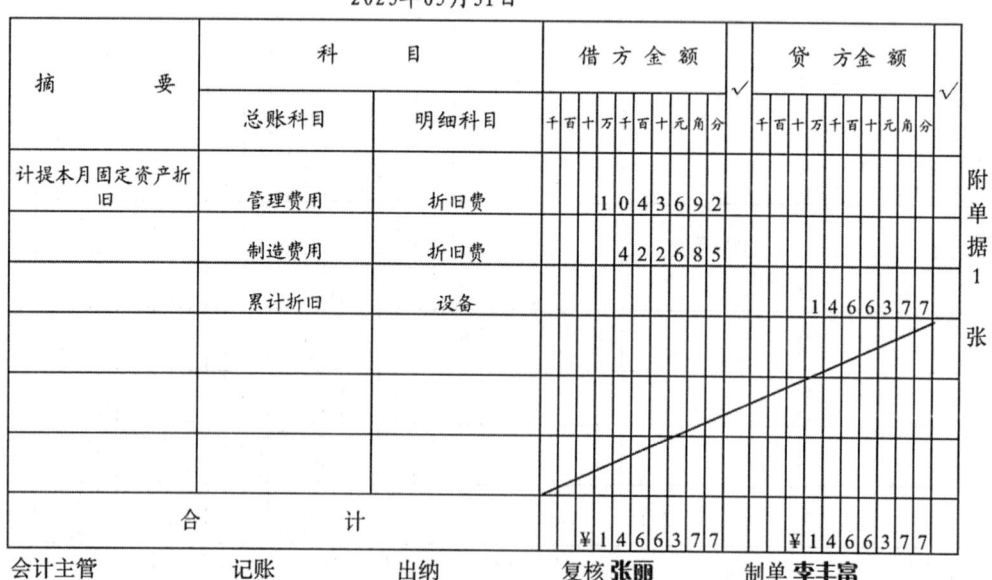

记账凭证

记字第 15 号

2023年05月31日

摘要	科目		借方金额	贷方金额
	总账科目	明细科目	千百十万千百十元角分	千百十万千百十元角分
计提本月职工薪酬	生产成本	铝合金油箱	3 4 5 0 0 0 0	
	制造费用	职工薪酬	8 6 2 0 0 0	
	管理费用	职工薪酬	1 2 2 5 6 0 0	
	销售费用	职工薪酬	1 2 2 5 6 0 0	
	应付职工薪酬	工资		6 7 6 3 2 0 0
合计			¥ 6 7 6 3 2 0 0	¥ 6 7 6 3 2 0 0

会计主管　　记账　　出纳　　复核 **张丽**　　制单 **李丰富**

附单据 1 张

记账凭证

记字第 16 号

2023年05月31日

摘要	科目		借方金额	贷方金额
	总账科目	明细科目	千百十万千百十元角分	千百十万千百十元角分
结转本月制造费用	生产成本	铝合金油箱	1 4 4 1 4 8 7	
	制造费用			1 4 4 1 4 8 7
合计			¥ 1 4 4 1 4 8 7	¥ 1 4 4 1 4 8 7

会计主管　　记账　　出纳　　复核 **张丽**　　制单 **李丰富**

附单据 1 张

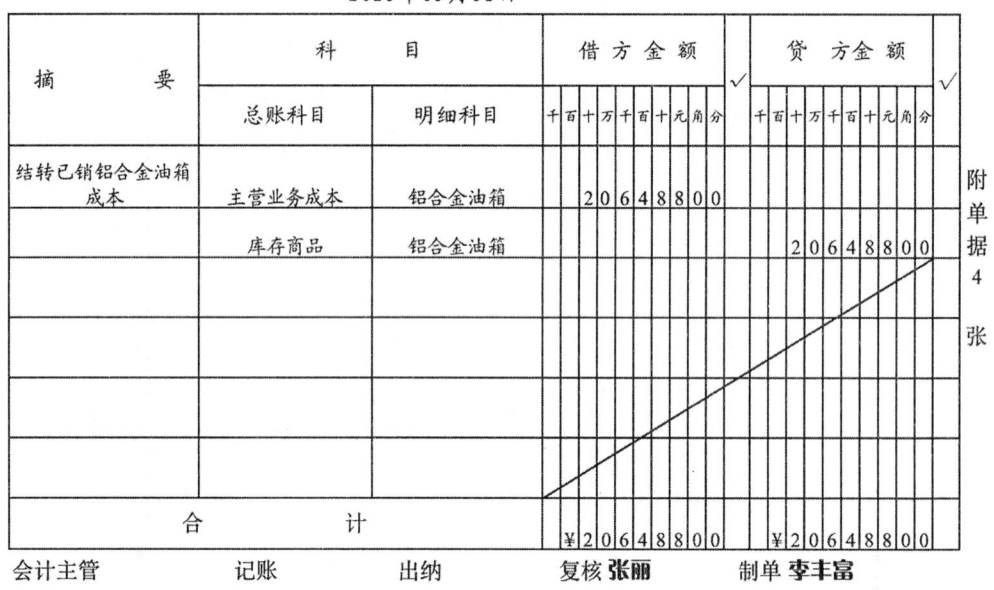

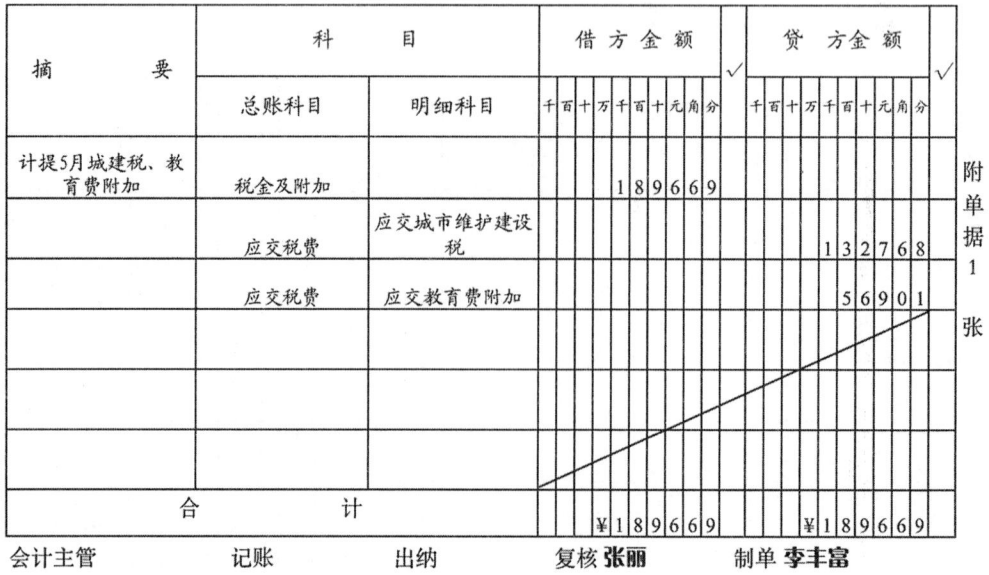

记账凭证

记字第 19 号

2023年05月31日

摘要	科目		借方金额	贷方金额
	总账科目	明细科目	千百十万千百十元角分	千百十万千百十元角分
结转本月收益	主营业务收入	铝合金油箱	2 5 7 9 6 4 6 1	
	本年利润			2 5 7 9 6 4 6 1
合计			¥2 5 7 9 6 4 6 1	¥2 5 7 9 6 4 6 1

会计主管　　　记账　　　出纳　　　复核 **张丽**　　　制单 **李丰富**

附单据 1 张

记账凭证

记字第 20 号

2023年05月31日

摘要	科目		借方金额	贷方金额
	总账科目	明细科目	千百十万千百十元角分	千百十万千百十元角分
结转本月成本费用	本年利润		2 4 4 4 7 4 1 3	
	销售费用			1 2 5 0 3 7 9
	管理费用			2 3 5 8 5 6 5
	主营业务成本			2 0 6 4 8 8 0 0
	税金及附加			1 8 9 6 6 9
合计			¥2 4 4 4 7 4 1 3	¥2 4 4 4 7 4 1 3

会计主管　　　记账　　　出纳　　　复核 **张丽**　　　制单 **李丰富**

附单据 1 张

实训十　错账更正

一、实训目的

学生通过实训,掌握错账更正的方法。

二、实训指导

划线更正法、红字更正法、补充登记法的指导。

三、实训资料

烟台兴茂机械制造有限公司2023年7月份部分经济业务资料如下。

1. 5项经济业务

【1】5日,采购员李强到重庆出差,预借差旅费3 000元,以现金付讫。

【2】7日,一笔200 000元的中国农业银行短期借款到期,用企业网上银行偿还该项借款。

【3】13日,公司行政管理部门发生业务招待费940元,收到增值税电子普通发票一张,以现金付讫。

【4】27日,支付烟台财经大学培训我公司财务部门员工的培训费,金额1 200元,从现金付讫,收到收据一张。

【5】28日,收到济南西城机械有限公司交来的银行电子承兑汇票1张,金额为35 204.20元,付讫当月2日货款。

2. 5项经济业务的记账凭证

3. 日记账与明细账

日记账包括银行存款日记账、现金日记账。明细账包括其他应收款明细账、短期借款明细账、应收账款明细账、应收票据明细账以及管理费用明细账。

四、实训要求

(1)查找记账凭证以及账簿记录错误。

(2)选用合适的错账更正方法在《基础会计实训账簿》中更正错账。

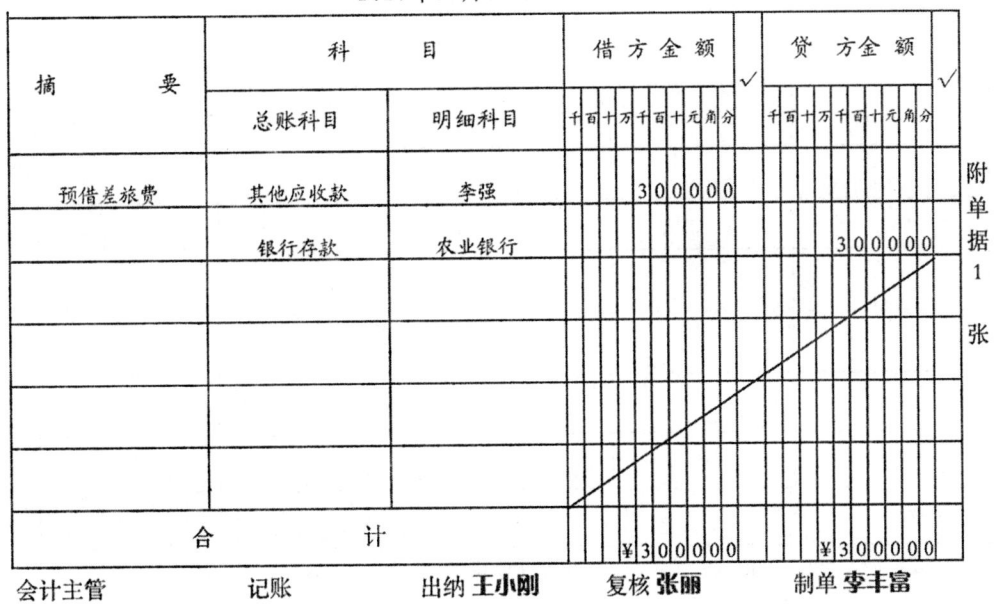

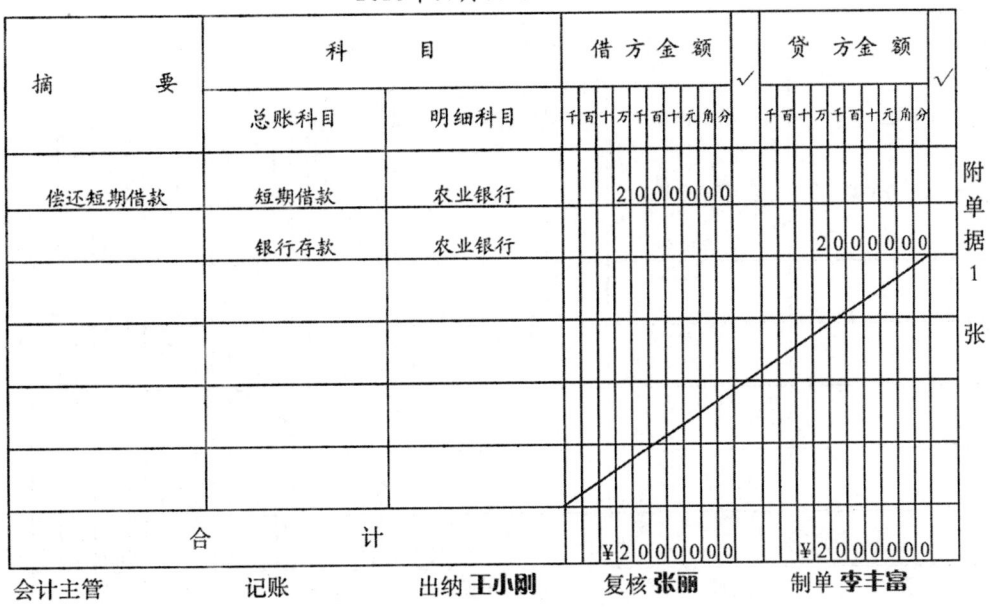

记账凭证

记字第 27 号

2023年07月13日

摘要	科目		借方金额	贷方金额
	总账科目	明细科目	千百十万千百十元角分	千百十万千百十元角分
支付业务招待费	管理费用	业务招待费	9 4 0 0 0	
	库存现金			9 4 0 0 0
合　　　计			¥ 9 4 0 0 0	¥ 9 4 0 0 0

会计主管　　　记账　　　出纳 **王小刚**　　　复核 **张丽**　　　制单 **李丰富**

附单据 1 张

记账凭证

记字第 40 号

2023年07月27日

摘要	科目		借方金额	贷方金额
	总账科目	明细科目	千百十万千百十元角分	千百十万千百十元角分
支付培训费	管理费用	培训费	1 2 0 0 0 0	
	库存现金			1 2 0 0 0 0
合　　　计			¥ 1 2 0 0 0 0	¥ 1 2 0 0 0 0

会计主管　　　记账　　　出纳 **王小刚**　　　复核 **张丽**　　　制单 **李丰富**

附单据 1 张

记账凭证

记字第 43 号

2023年07月28日

摘要	科目		借方金额	贷方金额
	总账科目	明细科目	千百十万千百十元角分	千百十万千百十元角分
收到电子承兑支付当月货款	应收票据	济南西城机械有限公司	3 5 5 2 0 4 2 0	
	应收账款	济南西城机械有限公司		3 5 5 2 0 4 2 0
合计			¥3 5 5 2 0 4 2 0	¥3 5 5 2 0 4 2 0

附单据 1 张

会计主管　　　记账　　　出纳　　　复核 张丽　　　制单 李丰富

实训十一　财务报表编制

练习一　编制资产负债表、利润表

一、实训目的

学生通过实训,掌握资产负债表、利润表的编制。

二、实训资料

青岛山海机械有限公司2023年10月31日各账户期末余额如下表。

单位:元

账户名称	借方余额	账户名称	贷方余额
库存现金	1 355.00	短期借款	50 000.00
银行存款	75 000.00	应付账款	4 050.00
应收账款	7 000.00	其他应付款	8 800.00
其他应收款	1 450.00	应付职工薪酬	11 000.00
原材料	349 800.00	应交税费	39 670.00
生产成本	36 000.00	累计折旧	221 500.00
库存商品	57 900.00	本年利润	158 770.00
固定资产	628 500.00	实收资本	721 000.00
利润分配	95 785.00	盈余公积	38 000.00
合　计	1 252 790.00	合　计	1 252 790.00

青岛山海机械有限公司2023年10月31日各损益账户余额如下表。

单位:元

账户名称	借方余额
主营业务收入	1 144 900.00
主营业务成本	944 280.00
税金及附加	64 320.00
销售费用	14 600.00
其他业务收入	35 000.00
其他业务成本	31 500.00
营业外收入	800.00
营业外支出	5 000.00
管理费用	20 800.00
财务费用	6 200.00
合　计	2 267 400.00

三、实训要求

在《基础会计实训账簿》中编写青岛山海机械有限公司资产负债表(简表)和利润表(简表)。

1. 资产负债表编制提示

(1)"货币资金"项目是"库存现金"科目与"银行存款"科目之和。

(2)"存货"项目是"原材料"科目、"生产成本"科目、"库存商品"科目之和。

(3)"固定资产"项目是"固定资产"科目减去"累计折旧"科目。

(4)"未分配利润"项目是"本年利润"科目减去"利润分配"科目。

2. 利润表编制提示

(1)"营业收入"项目是"主营业务收入"科目与"其他业务收入"科目之和。

(2)"营业成本"项目是"主营业务成本"科目与"其他业务成本"科目之和。

练习二　编制现金流量表

一、实训目的

学生通过实训,掌握现金流量表的编制方法。

二、实训资料

烟台伟业有限公司2023年度现金流有关的收支和结存情况。

1. 经营活动产生的现金流量

(1) 本期收到主营业务收入现金(包括银行存款,下同)234万元,支付客户退货现金6万元,应收账款期初余额46.8万元,期末余额30万元(减少16.8万元),应收票据期初余额20万元,期末余额16万元(减少4万元)。

以上项目包括随货款一起收到的增值税税款。

(2) 收到出口商品退回增值税税款5万元,消费税税款2万元。

(3) 本期购入原材料,支付现金117万元,支付前期进货应付票据10.34万元。

(4) 本期支付经营人员工资6万元(含补贴)。

(5) 向税务部门缴纳增值税税款26.8万元,缴纳所得税税款24万元。

(6) 本期收入其他经营活动有关的现金3万元,支出16万元。

2. 投资活动产生的现金流量

(1) 本期收到某项债券到期本金20万元,债券利息6万元,存入银行。

(2) 本期购进生产设备2套,支付现金22万元(含增值税)。

(3) 本期出售旧设备1套,原值40万元,已提折旧20万元,收到现金30万元,支付运输费用1万元。

3. 筹资活动产生的现金流量

(1) 向银行借入长期借款收到现金 20 万元。

(2) 偿还银行短期借款 10 万元,支付利息 1.6 万元。

三、实训要求

在《基础会计实训账簿》中编制烟台伟业有限公司 2023 年度现金流量表。

练习三　编制所有者权益变动表

一、实训目的

学生通过实训,达到以下目的。

(1) 理解结账流程。

(2) 掌握结账分录的编制。

(3) 掌握所有者权益变动表的编制。

二、实训资料

烟台兴茂机械制造有限公司 2023 年期初所有者权益有关账户的余额(单位:元)如下表所示。

账户名称	贷方余额
所有者权益:	
实收资本	5 050 000.00
资本公积	280 000.00
盈余公积	470 104.70
未分配利润	922 629.54
所有者权益合计	6 722 734.24

【1】2023 年 12 月 15 日,烟台海德专用车有限公司向烟台兴茂机械制造有限公司投入以下资产:原材料钢板一批价值 50 000 元,铣床设备一台价值 170 000 元,按规定,烟台海德专用车有限公司因此拥有烟台兴茂机械制造有限公司的资本份额 200 000 元。

提示:

(1) 该项投资应由烟台海德专用车有限公司开出投资原材料钢板和铣床设备的增值税专用发票,考虑到学生初学会计,该交易的分录忽略"应交税费——应交增值税(进项税额)"账户。

(2) 实收资本增加 200 000 元。

(3) 资本溢价增加 20 000 元(50 000＋170 000－200 000),记入"资本公积——资本

溢价"账户。

【2】烟台兴茂机械制造有限公司 2023 年度净利润为 1 986 318.98 元。

【3】12 月 31 日,根据股东大会决议,分别按全年净利润 1 986 318.98 元的 10%提取法定盈余公积,按 10%提取任意盈余公积。

【4】并按出资比例向投资方分配股利 300 000 元。

【5】12 月 31 日,结转本年净利润与本年已分配利润。将"本年利润"结转至"利润分配——未分配利润"账户,将"利润分配"其余各明细账户的余额,转入"利润分配——未分配利润"账户。

三、实训要求

根据上述资料,在《基础会计实训账簿》中编制烟台兴茂机械制造有限公司 2023 年度所有者权益变动表。

第二篇 综合篇

实训十二 基础会计综合实训

一、实训公司概况

(一) 公司基本信息

公司名称:烟台兴茂机械制造有限公司
纳税人识别号:913706129662088957
开户行:中国农业银行烟台市莱山区支行
银行账号:15376201040000182
地址:烟台市莱山区港城街100号
电话:0535-6900119
法人代表:孔祥瑞

(二) 经营范围

生产、销售消音器、油箱等汽车配件

(三) 生产流程

公司生产流程如图12-1所示。

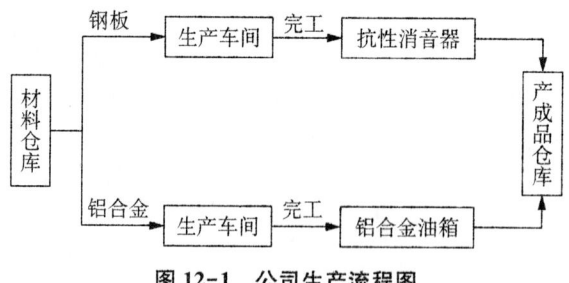

图12-1 公司生产流程图

(四) 账务处理程序

该公司采用科目汇总表账务处理程序,如图12-2所示。

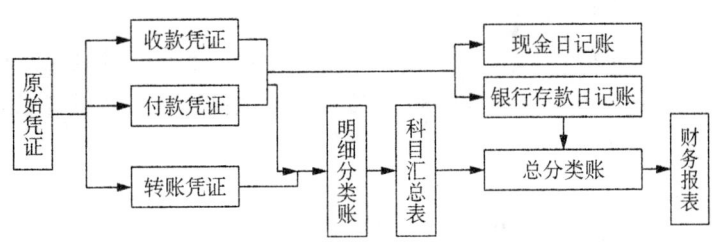

图 12-2　公司账务处理流程

二、实训资料

(一) 2023 年 12 月初账户余额

烟台兴茂机械制造有限公司 2023 年 12 月 1 日的总分类账及明细分类账期初余额使用实训三中已给出的数据。

(二) 2023 年 12 月发生的经济业务

【1】1 日,签发一张支票,从中国农业银行提取现金 2 500 元备用。

【2】2 日,销售给济南西城机械有限公司抗性消音器,并开出增值税专用发票(号码:03349233),列明价款 314 340.00 元,税额 40 864.20 元。货已发出,货款尚未收到。

(提示:成本结转月末一次进行)

【3】3 日,采购员李强到重庆出差,预借差旅费 2 000 元,以现金付讫。

【4】5 日,购买 35 吨钢板材料,收到重庆华宇机械有限公司开的增值税专用发票(号码:07660077),发票列明价款 121 975 元,税额 15 856.75 元。材料已验收入库,材料款未支付。材料按实际成本进行业务核算。

【5】6 日,采购员李强出差回来,报销差旅费 1 550 元,差旅费余款退回现金 450 元。

(提示:采购差旅费记入"管理费用——差旅费")

【6】7 日,一笔 200 000 元的中国农业银行短期借款到期,用企业网上银行偿还该项借款。

【7】9 日,开出转账支票向烟台市儿童福利院捐赠 10 000 元。

【8】10 日,向中通工业集团购入 5 吨铝合金材料。收到增值税专用发票(号码:07660345),金额为 67 500 元,税额为 8 775 元,材料已验收入库。我公司交给中通工业集团一张金额为 76 275.00 元的转账支票。

【9】13 日,公司行政管理部门发生业务招待费 490 元,收到增值税电子普通发票一张,以现金付讫。

【10】15 日,收到烟台海源广告策划有限公司开来的增值税专用发票(号码:07660339),列明价款 3 773.59 元,税额 226.41 元。我公司开出转账支票支付广告费。

【11】18 日,销售给济南信达汽车配件有限公司铝合金油箱,并开出增值税专用发票(号码:03349236),列明价款 189 390.00 元,税额 24 620.70 元。货已发出,我公司已于上月收到济南信达汽车配件有限公司交来的 214 010.70 元预收账款。

(提示：成本结转月末一次进行)

【12】20日，销售给烟台三立有限公司原材料钢板，并开出增值税专用发票(号码：03349237)，列明价款40 000.00元，税额5 200.00元，货已发出，货款已通过网上银行收到。该批材料的成本为34 850.00元。

【13】23日，收到济南西城机械有限公司交来的银行电子承兑汇票1张，金额为355 204.20元，付讫12月2日货款。

【14】27日，支付烟台财经大学培训我公司财务部门员工的培训费，金额1 200元，以现金付讫，收到收据一张。

【15】29日，参加在上海举办的全国汽配展览会，通过企业网上银行付讫展览会摊位费，收到汽配展览会开出的增值税专用发票(号码：07650136)，金额1 800元，税额108元。

【16】31日，分摊职工薪酬费用。12月份工资总额95 800元。

【17】31日，计提固定资产折旧。

【18】31日，根据本月材料领用单，分配直接材料。材料单价采用全月一次加权平均法计价。

【19】31日，分配结转制造费用。各产品的生产成本共用制造费用采用实耗生产工时比例进行分配。

【20】31日，结转已完工产品成本。截至月底，抗性消毒器、铝合金油箱已全部完工，完工数量分别为1 000件、400件。其中抗性消毒器和铝合金油箱的月初在产品成本情况见原始凭证。

【21】31日，结转主营业务成本。其中抗性消音器的成本为202 674.72元，铝合金油箱的成本为143 861.25元。产品单位成本采用全月一次加权平均法计价。

【22】31日，计提本月教育费附加1 371.56元，城市维护建设税3 200.31元。

【23】31日，期末将各项收益及各项成本费用结转至"本年利润"账户。

【24】31日，计算所得税费用为26 892.64元。假定企业无纳税调整项目。

【25】31日，结转所得税费用至"本年利润"账户。

【26】31日，根据股东大会决议，分别按全年税后利润1 200 677.93元的10%提取法定盈余公积，按10%提取任意盈余公积。

【27】并按出资比例向投资方分配股利300 000元。现金股利尚未发放。

【28】31日，结转本年净利润与本年已分配利润。将"本年利润"结转至"利润分配——未分配利润"账户，将"利润分配"其余个明细账户的余额，转入"利润分配——未分配利润"账户。

(三) 2023年12月发生经济业务的原始凭证

三、实训要求

(一) 建账

开设账户并登记期初余额(实训三已完成)。

(二) 会计凭证的填制和审核

1. 原始凭证的填制和审核

根据 12 月份发生的经济业务,按照原始凭证的填制规范和审核要求,填制并审核原始凭证。

2. 记账凭证的填制和审核

根据审核无误的原始凭证或原始凭证汇总表填制记账凭证并审核。

(三) 登记账簿、对账、结账

1. 登记现金日记账和银行存款日记账

根据审核无误的记账凭证登记现金日记账和银行存款日记账。

2. 登记明细分类账

根据审核无误的原始凭证、原始凭证汇总表、记账凭证登记应收账款、应付账款、原材料、制造费用、生产成本、库存商品、管理费用明细账。

3. 登记总分类账

根据审核无误的记账凭证编制科目汇总表,登记总分类账。

4. 对账并结账

(1) 根据总分类账记录编制试算平衡表。

(2) 总分类账和日记账核对。

(3) 总分类账和所属明细分类账核对。

(4) 结算各总分类账、明细分类账、日记账本期发生额及期末余额。

(四) 编制财务报表

根据总分类账和明细分类账记录编制资产负债表和利润表。

凭证1

中国农业银行
现金支票存根
10201192
49860453

附加信息

出票日期 2023年12月1日
收款人：烟台兴茂机械制造有限公司
金额：¥2 500.00
用途：提取备用金

单位主管 张丽 会计 李丰富

凭证2

山东增值税专用发票 No 03349233
3700233130
03349233
此联不得报销、扣税凭证使用
开票日期：2023年12月02日

购买方	名称：济南西城机械有限公司 纳税人识别号：913701042644188211 地址、电话：济南市槐荫区济兖路147号0531-87980451 开户行及账号：齐鲁银行济南段店支行1171414000000004653	密码区	1<6<6>**5803312578<>*9974> ++53>15>4-<+>/0<38+70/420/> 09>>+-*93+>6401/3/454115/+- -*2+88++5/320+6+*<2<>0--+15

货物或应税劳务、服务名称	规格型号	单位	数量	单价	金额	税率	税额
*工业车辆*抗性消音器		件	960	327.4375000	314340.00	13%	40864.20
合计					¥314340.00		¥40864.20

价税合计（大写） ⊗叁拾伍万伍仟贰佰零肆圆贰角整   （小写）¥355204.20

| 销售方 | 名称：烟台兴茂机械制造有限公司 纳税人识别号：913706129662088957 地址、电话：烟台市莱山区港城街100号0535-6900119 开户行及账号：农行烟台莱山区支行15376201040000182 | 备注 | |

收款人：王小刚   复核：王小刚   开票人：李丰富   销售 发票专用章

凭证3

烟台兴茂机械制造有限公司暂支单

2023年12月03日　　　　　　　　编号：416

受款人	李强		
暂支事由	预支付重庆采购差旅费		
暂支金额	人民币贰仟元整	￥2 000.00	现金付讫
预计归还日期	2023年12月06日	科目	其他应收款
财会主管：张丽　　记账：　　出纳：王小刚　　受款人签字：李强			

凭证4-1

重庆增值税专用发票　No 07660077

5000231140
07660077

开票日期：2023年12月05日

购买方	名　　称：烟台兴茂机械制造有限公司 纳税人识别号：913706129662088957 地址、电话：烟台市莱山区港城街100号0535-6900119 开户行及账号：农行烟台莱山区支行15376201040000182	密码区	1<6<6>**580331/373>67<599<< ++8+505>4-<+>/0<38+70/420/> 09>>+-*93+>6401/3/4541*2<-3 -*2+88++5/320+6+*<2<>0+19<7

货物或应税劳务、服务名称	规格型号	单位	数量	单价	金额	税率	税额
*钢板		吨	35	3485.00	121975.00	13%	15856.75
合　　计					￥121975.00		￥15856.75
价税合计（大写）	⊗壹拾叁万柒仟捌佰叁拾壹圆柒角伍分				（小写）￥137831.75		

销售方	名　　称：重庆华宇机械有限公司 纳税人识别号：915501157815775677H 地址、电话：重庆市海港路77号023-8956787 开户行及账号：工行重庆港海港路支行31370334400005578	备注	

收款人：王林　　复核：刘国良　　开票人：王林　　销售方：发票专用章

凭证4-2

凭证4-3

收料单   No. 209738

供货单位：重庆华宇机械有限公司
发票号码：07660077

2023年12月05日

材料类别	名称及规格	计量单位	数量		成本	
			应收	实收	单价	金额
钢板		吨	35	35	3 485.00	121 975.00
合计		吨	35	35	3 485.00	121 975.00

质量检验：刘伟   收料：赵小英

凭证5-1

烟台兴茂机械制造有限公司差旅费报销单

填表日期：2023年12月06日

出差人姓名			李强		所属部门			采购部
出差地点			重庆		起止日期		自12月03日至12月05日，共3天	
出差事由	购入钢板材料							
交通及住宿费	种类	单据张数	开支金额	核准金额	出差补助费	种类	天数	标准	金额
	城市间交通费	5	610.00	610.00		伙食补贴	3	100.00	300.00
	住宿费	1	460.00	460.00		公杂补贴	3	60.00	180.00
	小计		1 070.00	1 070.00		小计			480.00
金额合计	（大写）壹仟伍佰伍拾元整						￥1 550.00元		
报销结算情况	原出差借款		￥2 000.00		报销金额		￥1 550.00		
	退回金额		￥450.00		补发金额				

经办人：李强　　部门经理：刘英杰　　财务经理：张丽　　总经理：孔祥瑞　　出纳：王小刚

凭证5-2

收　　据

No.6032446

2023年12月06日

今　收　到

　　　　　李强　　　　　交来　　　差旅费余　　款

人民币（大写）　肆佰伍拾元整

（小写）￥450.00　　现金收讫

收款单位（签章）：

出纳：王小刚　　核准：张丽　　会计：李丰富

第三联：记账联

凭证6

中国农业银行 网上银行电子回单
AGRICULTURAL BANK OF CHINA

电子回单号码：37600569453297972689					
付款方	账 号	15376201040000182	收款方	账 号	15386201940053010
	户 名	烟台兴茂机械制造有限公司		户 名	
	开户行	中国农业银行烟台莱山区支行		开户行	3862
金额（小写）		¥200 000.00	金额（大写）		贰拾万元整
币种		人民币	交易渠道		BTER
摘要		转账取款	凭证号		15376201040000182
交易时间		2023-12-07 11:24:30	会计日期		20231207
附言		短期借款本金			

打印日期：2023-12-07

凭证7-1

公益事业捐赠统一票据
UNIFIED INVOICE OF DONATION FOR PUBLIC WELFARE

捐赠人：烟台兴茂机械制造有限公司　　2023年12月09日　　No.1200003087
DONOR　　　　　　　　　　　　　　　　　　Y　M　D

捐赠项目 For purpose	实物（外币）种类 Material objects(Currency)	数量 Amount	金 额 Total amount
			千 百 十 万 千 百 十 元 角 分
捐赠			1 0 0 0 0 0 00
金额合计（小写）In figures			¥ 1 0 0 0 0 0 00
金额合计（大写）In words	仟 佰 ⊗拾 壹万 零仟 零佰 零拾 零元 零角 零分		

接收单位（签章）：　　　　　复核人：　　　　　开票人：
Receiver's seal　　　　　　Verified by　　　　Handling person

感谢您对公益事业的支持！Thank you for support of public welfare!

凭证 7-2

凭证 8-1

凭证 8-2

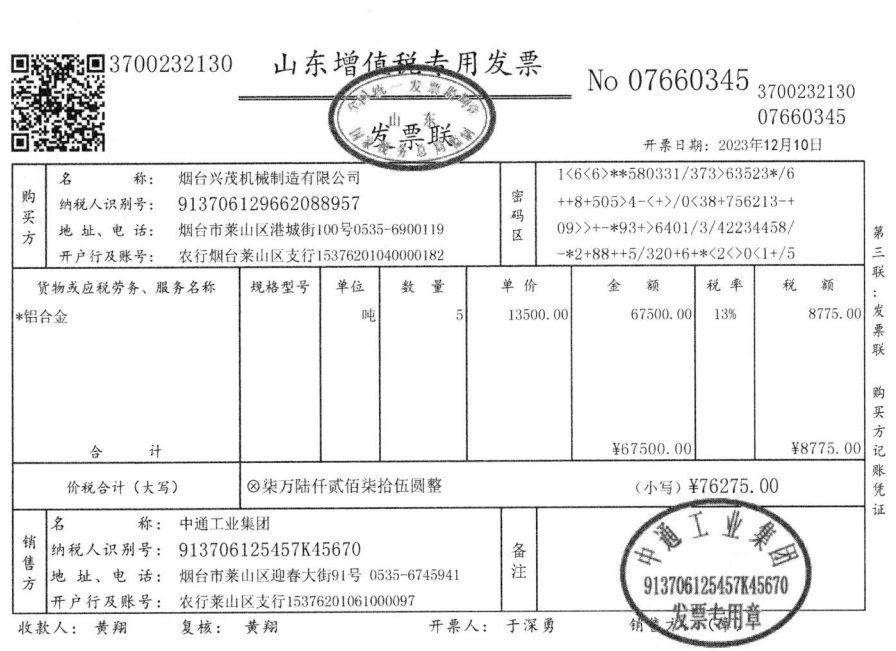

凭证 8-3

收料单   No.209739

供货单位：中通工业集团
发票号码：07660345

2023年12月10日

材料类别	名称及规格	计量单位	数量		成本	
			应收	实收	单价	金额
铝合金		吨	5	5	13 500.00	67 500.00
合计		吨	5	5	13 500.00	67 500.00

质量检验：刘伟   收料：赵小英

凭证8-4

中国农业银行
转账支票存根
10201120
08248081

附加信息

出票日期 2023年12月10日
收款人： 中通工业集团
金额： ¥76 275.00
用途： 支付货款
单位主管 张丽 会计 李丰富

凭证9

山东增值税普通发票

发票代码：037002300111
发票号码：65802219
开票日期：2023年12月13日
校验码：58863 83939 22408 08888

机器编号：661701268278

购买方	名称：	烟台兴茂机械制造有限公司				密码区	1<6<6>**58033163523458/373> 5>4-<+>/0<38+75628-+6++8+50 09>>+-*93+>23-+/>26401/3/42 5/320+6+*<2<>45+-0/-*2+88++		
	纳税人识别号：	913706129662088957							
	地址、电话：	烟台市莱山区港城街100号0535-6900119							
	开户行及账号：	农行烟台莱山区支行15376201040000182							
货物或应税劳务、服务名称	规格型号	单位	数量	单价	金额		税率	税额	
*餐饮服务*餐饮					426.26		6%	27.74	
合计					¥426.26			¥27.74	
价税合计（大写）	⊗肆佰玖拾圆整				（小写）¥490.00				
销售方	名称：	莱山区必胜客餐馆				备注			
	纳税人识别号：	9230612MA2356207J0							
	地址、电话：	莱山区迎春大街宝龙广场 0535-5567235							
	开户行及账号：	农业银行莱山区支行15376202030000231							

收款人：韩明月 复核：韩明月 开票人：张亚楠 销售方：

凭证10-1

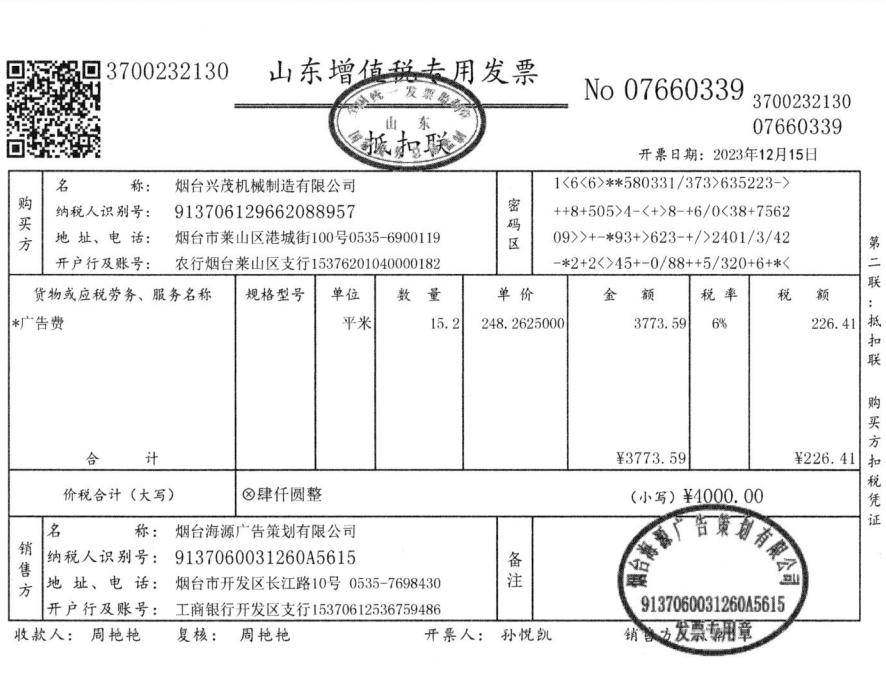

凭证10-2

凭证10-3

凭证11

凭证 12-1

山东增值税专用发票

3700233130　　No 03349237　　3700233130
　　　　　　　　　　　　　　　　　03349237

此联不作报销、扣税凭证使用

开票日期：2023年12月20日

购买方	名　　　称：	烟台三立有限公司	密码区	1<6<6>*12578<>*1*580339974><++53<20/>>15>4-<578<>*99+/20>23>*99/3/45419/3/4+-*93>-+150+6+*<2<>-*2+88++5/320-
	纳税人识别号：	9137068756M23W1290		
	地址、电话：	烟台市牟平区北关大街62号0535-6902323		
	开户行及账号：	农行烟台牟平区西关分理处153706431940000239		

货物或应税劳务、服务名称	规格型号	单位	数量	单价	金额	税率	税额
*钢板		吨	10	4000.0000	40000.00	13%	5200.00
合　计					¥40000.00		¥5200.00

| 价税合计（大写） | ⊗肆万伍仟贰佰圆整 | （小写）¥45200.00 |

销售方	名　　　称：	烟台兴茂机械制造有限公司	备注	
	纳税人识别号：	913706129662088957		
	地址、电话：	烟台市莱山区港城街100号0535-6900119		
	开户行及账号：	农行烟台莱山支行15376201040000182		

收款人：王小刚　　复核：王小刚　　开票人：李丰富　　销售：发票专用章

凭证 12-2

 中国农业银行　　网上银行电子回单
AGRICULTURAL BANK OF CHINA

电子回单号码：	37650400934327416771			
付款方	账号	153706431940000239	收款方	账号	15376201040000182
	户名	烟台三立有限公司		户名	烟台兴茂机械制造有限公司
	开户行	农行烟台牟平区西关分理处		开户行	中国农业银行烟台莱山区支行
金额（小写）	¥45 200.00	金额（大写）	肆万伍仟贰佰元整
币种	人民币	交易渠道	EBNK
摘要	支付材料货款	凭证号	153706431940000239
交易时间	2023-12-20 15:41:23	会计日期	20231220
附言			

打印日期：2023-12-20

凭证12-3

材 料 出 库 单　　No.109135

购货单位：烟台三立有限公司

发票号码：03349237　　　　　　　　　　　　出库时间：2023年12月20日

材料类别	名称及规格	计量单位	数量		成本	
			应发	实发	单价	金额
钢板		吨	10	10	3 485.00	34 850.00
合　计			10	10		34 850.00

记账联

发料人：马少翔　　　　　　　仓库主管：于传强

凭证13

中国农业银行　　　**电子银行承兑汇票**
AGRICULTURAL BANK OF CHINA

出票日期：2023-12-23　　　　　　　　　　票据状态：已签收
汇票到期日：2024-03-23　　　　　　　　　票据号码：1313456088202201806252133778 62

出票人	账　号	11714140000000004653	收款方	账　号	15376201040000182
	全　称	济南西城机械有限公司		全　称	烟台兴茂机械制造有限公司
	开户行	齐鲁银行济南段店支行		开户行	中国农业银行烟台莱山区支行
	开户行号	313451007140		开户行号	103456039410
出票人保证信息		保证人账号： 保证人名称：		保证人开户行： 保证人开户行号：	
票据金额		小写：355204.20		人民币（大写）：叁拾伍万伍仟贰佰零肆元贰角整	
承兑人		承兑人账号：0 承兑人名称：齐鲁银行济南段店支行		承兑人开户行： 承兑人开户行号：313451007140	
交易合同号：		－	承兑信息	出票人承诺：本汇票请予以承兑，到期无条件付款	
是否可转让：		可再转让		承兑人承兑：本汇票已经承兑，到期无条件付款 承兑日期	
承兑人保证信息		保证人账号： 保证人名称：		保证人开户行： 保证人开户行号：	
评级信息	出票人	评级主体：同安农行		信用等级：A	评级到期日：2024-03-23
备注					

凭证14

收 据

No.6037447

2023年12月27日

今 收 到 烟台兴茂机械制造有限公司 交来 员工培训费 款

人民币（大写） 壹仟贰佰元整

（小写）¥1 200.00   现金收讫

收款单位（签章）：

出纳：王小刚　　核准：　　会计：李丰富

第二联：收据联

凭证15-1

上海增值税专用发票 No 07650136

3100231130
07650136

开票日期：2023年12月29日

	名　称：烟台兴茂机械制造有限公司	密码区	1<6<331/373>67123+/26>**580 ++8+505>5>5-+/754-<+>/0<380 09>>+-*932*01+>6401/4/4541< -*2+38++5/320+6+*<2<>0/-331
购买方	纳税人识别号：913706129662088957		
	地址、电话：烟台市莱山区港城街100号0535-6900119		
	开户行及账号：农行烟台莱山区支行15376201040000182		

货物或应税劳务、服务名称	规格型号	单位	数量	单价	金额	税率	税额
*摊位费		平米	30	60.0000000	1800.00	6%	108.00
合　计					¥1800.00		¥108.00

价税合计（大写） ⊗壹仟玖佰零捌圆整　　　（小写）¥1908.00

	名　称：全国汽配展览会	备	
销售方	纳税人识别号：91310115KD257844J1	注	
	地址、电话：上海黄埔区南京路231号021-5245752		
	开户行及账号：农业银行上海黄浦区支行31280314400002559		

收款人：徐雅琪　　复核：徐雅琪　　开票人：梁浩茹

第二联：抵扣联 购买方扣税凭证

凭证 15-2

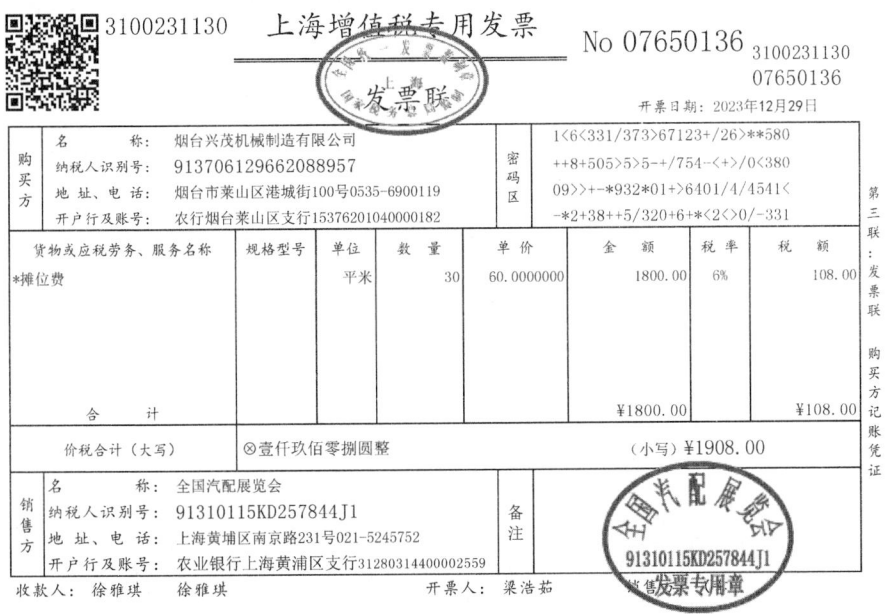

凭证 15-3

中国农业银行　　网上银行电子回单
AGRICULTURAL BANK OF CHINA

电子回单号码：37650400934327416344				
付款方	账号	15376201040000182	账号	31280314400002559
	户名	烟台兴茂机械制造有限公司	户名	全国汽配展览会
	开户行	中国农业银行烟台莱山区支行	开户行	中国农业银行上海黄浦区支行
金额（小写）		¥1 908.00	金额（大写）	壹仟玖佰零捌元整
币种		人民币	交易渠道	EBNK
摘要		汽配展览会摊位费	凭证号	15376201040000182
交易时间		2023-12-29 09:42:53	会计日期	20231229
附言				

打印日期：2023-12-29

凭证 16

工资费用分配表

单位：烟台兴茂机械制造有限公司　　　　　　所属期间：2023年12月

部门	借方科目	明细科目	工时（小时）	分配比例	分配费用
生产部门	生产成本	抗性消音器	1000	60%	35 925.00
		铝合金油箱	600		21 555.00
生产管理部门	制造费用	职工薪酬	—	10%	9 580.00
行政管理部门	管理费用	职工薪酬	—	10%	9 580.00
销售部	销售费用	职工薪酬	—	20%	19 160.00
合计			—	100%	95 800.00

会计：李丰富　　　　　财务主管：张丽

凭证 17

固定资产折旧分配表

单位：烟台兴茂机械制造有限公司　　　　　　所属期间：2023年12月

部门	总账科目	明细科目	分配费用
生产车间	制造费用	折旧	10 592.00
行政管理部门	管理费用	折旧	1 324.00
销售部	销售费用	折旧	1 324.00
合计			13 240.00

会计：李丰富　　　　　财务主管：张丽

凭证18-1

领 料 单

No.2023025

2023年12月3日

领料部门：生产车间
单位：烟台兴茂机械制造有限公司

材料类别	名称及规格	计量单位	数量(吨)		单价(元)	金额(元)	用途	领料人签字
			请领	实领				
钢板		吨	9	9	3 485.00	31 365.00	抗性消音器	贾凯鸿
铝合金		吨	2	2	13 500.00	27 000.00	铝合金油箱	贾凯鸿
合　计			11	11		58 365.00		

仓库主管：刘伟　　　发料人：赵小英　　　领料部门主管：孙思泽

记账联

凭证18-2

领 料 单

No.2023026

2023年12月9日

领料部门：生产车间
单位：烟台兴茂机械制造有限公司

材料类别	名称及规格	计量单位	数量(吨)		单价(元)	金额(元)	用途	领料人签字
			请领	实领				
钢板		吨	7	7	3 485.00	24 395.00	抗性消音器	贾凯鸿
合　计			7	7		24 395.00		

仓库主管：刘伟　　　发料人：赵小英　　　领料部门主管：孙思泽

记账联

凭证18-3

领 料 单

No.2023027

领料部门：<u>生产车间</u>　　　2023年12月14日

单位：烟台兴茂机械制造有限公司

材料类别	名称及规格	计量单位	数量(吨)		单价(元)	金额(元)	用途	领料人签字
			请领	实领				
铝合金		吨	2	2	13 500.00	27 000.00	铝合金油箱	杨文栋
合　计		吨	2	2	13 500.00	27 000.00		

记账联

仓库主管：<u>刘伟</u>　　　发料人：<u>赵小英</u>　　　领料部门主管：<u>孙思泽</u>

凭证18-4

领 料 单

No.2023028

领料部门：<u>生产车间</u>　　　2023年12月18日

单位：烟台兴茂机械制造有限公司

材料类别	名称及规格	计量单位	数量(吨)		单价(元)	金额(元)	用途	领料人签字
			请领	实领				
钢板		吨	9	9	3 485.00	31 365.00	抗性消音器	杨文栋
铝合金		吨	2.5	2.5	13 500.00	33 750.00	铝合金油箱	杨文栋
合　计			11.5	11.5		65 115.00		

记账联

仓库主管：<u>刘伟</u>　　　发料人：<u>赵小英</u>　　　领料部门主管：<u>孙思泽</u>

凭证 18-5

领 料 单

No. 2023029

领料部门：生产车间　　2023年12月23日

单位：烟台兴茂机械制造有限公司

材料类别	名称及规格	计量单位	数量(吨) 请领	数量(吨) 实领	单价(元)	金额(元)	用途	领料人签字
钢板		吨	11	11	3 485.00	38 335.00	抗性消音器	贾凯鸿
合 计			11	11		38 335.00		

仓库主管：刘伟　　发料人：赵小英　　领料部门主管：孙思泽

凭证 18-6

领 料 单

No. 2023030

领料部门：生产车间　　2023年12月28日

单位：烟台兴茂机械制造有限公司

材料类别	名称及规格	计量单位	数量(吨) 请领	数量(吨) 实领	单价(元)	金额(元)	用途	领料人签字
钢板		吨	9	9	3 485.00	31 365.00	抗性消音器	贾凯鸿
铝合金		吨	2	2	13 500.00	27 000.00	铝合金油箱	贾凯鸿
合 计			11	11		58 365.00		

仓库主管：刘伟　　发料人：赵小英　　领料部门主管：孙思泽

凭证19

制造费用分配表

单位：烟台兴茂机械制造有限公司　　　　　　　　　　　　2023年12月31日

制造费用 科目	工时(小时)	职工薪酬(元)	折旧(元)	分配金额(元)
生产成本——抗性消音器	1000	5 987.50	6 620.00	12 607.50
生产成本——铝合金油箱	600	3 592.50	3 972.00	7 564.50
合　计	1600	9 580.00	10 592.00	20 172.00

会计：李丰富　　　　　　　财务主管：张丽

凭证20-1

产 成 品 入 库 单

No.20235683

类　别：生产车间
单位：烟台兴茂机械制造有限公司　　　　　　　入库时间：2023年12月11日

产品名称	产品规格	单位	数量	交货人	库管员确认	备注
抗性消音器		件	550	贾凯鸿	赵小英	
合　计		件	550			

记账联

质量检验：刘伟　　　　　　　仓库主管：于传强

凭证 20-2

产 成 品 入 库 单

No. 20235684

类　　别：　生产车间　
单位：　烟台兴茂机械制造有限公司　　　　　　入库时间：2023年12月20日

产品名称	产品规格	单位	数量	交货人	库管员确认	备注
铝合金油箱		件	300	杨文栋	赵小英	
合　计		件	300			

质量检验：刘伟　　　　　仓库主管：于传强

记账联

凭证 20-3

产 成 品 入 库 单

No. 20235685

类　　别：　生产车间　
单位：　烟台兴茂机械制造有限公司　　　　　　入库时间：2023年12月29日

产品名称	产品规格	单位	数量	交货人	库管员确认	备注
抗性消音器		件	450	贾凯鸿	赵小英	
合　计		件	450			

质量检验：刘伟　　　　　仓库主管：于传强

记账联

凭证 20-4

产 成 品 入 库 单

No. 20235686

类　别：　生产车间

单位：烟台兴茂机械制造有限公司　　　　　　　入库时间：2023年12月30日

产品名称	产品规格	单位	数量	交货人	库管员确认	备注
铝合金油箱		件	100	杨文栋	赵小英	
合计		件	100			

记账联

质量检验：刘伟　　　　　　　　　　　　　　　仓库主管：于传强

凭证 20-5

产品生产量、销售量统计表

单位：烟台兴茂机械制造有限公司　　　　　　日期：2023年12月31日

产品	期初数量(件)	生产量(件)	销售量(件)	期末数量(件)
抗性消音器	1500	1000	960	1540
铝合金油箱	500	400	390	510

会计：李丰富　　　　　　　　　　　　　　　　财务主管：张丽

凭证 20-6

抗性消音器库存商品计算表

单位：烟台兴茂机械制造有限公司　　　　　　　　　　日期：2023年12月31日

生产成本——抗性消音器	直接材料	直接人工	制造费用	合　计
期　初	1 423.00	3 219.00	1 120.00	5 762.00
本月发生	156 825.00	35 925.00	12 607.50	205 357.50
库存商品——抗性消音器	158 248.00	39 144.00	13 727.50	211 119.50

会计：李丰富　　　　　　　　　　　　　　　　　　财务主管：张丽

凭证 20-7

铝合金油箱库存商品计算表

单位：烟台兴茂机械制造有限公司　　　　　　　　　　日期：2023年12月31日

生产成本——铝合金油箱	直接材料	直接人工	制造费用	合　计
期　初	945.00	1 920.00	815.50	3 680.50
本月发生	114 750.00	21 555.00	7 564.50	143 869.50
库存商品——铝合金油箱	115 695.00	23 475.00	8 380.00	147 550.00

会计：李丰富　　　　　　　　　　　　　　　　　　财务主管：张丽

凭证 21-1

产 成 品 出 库 单

No. 20238601

购货单位： 济南西城机械有限公司
业务员： 徐瑞诚　　　　　　　　　　　　出库时间：2023年12月03日

产品名称	产品规格	单位	销售数量	实发数量	库管员确认	备注
抗性消音器		件	960	960	赵小英	
合　计		件	960	960		

发货人：马少翔　　　　　　　　　　　　　　　　　　　仓库主管：于传强

记账联

凭证 21-2

产 成 品 出 库 单

No. 20238602

购货单位： 济南信达汽车配件有限公司
业务员： 徐瑞诚　　　　　　　　　　　　出库时间：2023年12月15日

产品名称	产品规格	单位	销售数量	实发数量	库管员确认	备注
铝合金油箱		件	390	390	赵小英	
合　计		件	390	390		

发货人：马少翔　　　　　　　　　　　　　　　　　　　仓库主管：于传强

记账联

凭证21-3

一次加权平均法计算单位产品成本

单位：烟台兴茂机械制造有限公司　　　　　　　　日期：2023年12月31日

产品	期初存货(元)	本期生产(元)	可供出售成本(元)	可供出售数量(件)	单位产品成本(元)
抗性消音器	316 679.25	211 119.50	527 798.75	2 500	211.119 5
铝合金油箱	184 437.50	147 550.00	331 987.50	900	368.875 0

会计：李丰富　　　财务主管：张 丽

凭证21-4

产品主营业务成本计算表

单位：烟台兴茂机械制造有限公司　　　　　　　　日期：2023年12月31日

产品	销售量(件)	产品单位成本(元)	主营业务成本(元)
抗性消音器	960	211.119 5	202 674.72
铝合金油箱	390	368.875 0	143 861.25

会计：李丰富　　　财务主管：张 丽

凭证 22-1

教育费附加计算表

单位：烟台兴茂机械制造有限公司　　　　　　所属期：2023年12月

应交增值税(元)	本月应交教育费附加	
	税率	金额(元)
45 718.74	3%	1 371.56

会计：李丰富　　　　　　　　　　　　　　财务主管：张丽

凭证 22-2

城市维护建设税计算表

单位：烟台兴茂机械制造有限公司　　　　　　所属期：2023年12月

应交增值税(元)	本月应交城市维护建设税	
	税率	金额(元)
45 718.74	7%	3 200.31

会计：李丰富　　　　　　　　　　　　　　财务主管：张丽

凭证 23-1

收入类科目汇总表

单位：烟台兴茂机械制造有限公司　　　　　　　　所属期：2023年12月

序 号	收入性损益科目	金额(元)
1	主营业务收入	503 730.00
2	其他业务收入	40 000.00
4	合　　计	543 730.00

会计：李丰富　　　　　　　　　　　　　　　　　　财务主管：张丽

凭证 23-2

费用类科目汇总表

单位：烟台兴茂机械制造有限公司　　　　　　　　所属期：2023年12月

序号	费用性损益科目	金额(元)	序号	费用性损益科目	金额(元)
1	主营业务成本	346 535.97	5	管理费用	14 144.00
2	其他业务成本	34 850.00	6	营业外支出	10 000.00
3	税金及附加	4 571.87	7	—	—
4	销售费用	26 057.59	8	合　　计	436 159.43

会计：李丰富　　　　　　　　　　　　　　　　　　财务主管：张丽

凭证 24

所得税费用计算表

单位：烟台兴茂机械制造有限公司　　　　　　　　　　时间：2023年12月31日

序 号	项 目	金额(元)
1	利润总额	107 570.57
2	所得税税率	25.00%
3	应交所得税税额	26 892.64

会计：李丰富　　　　　　　　　　　　　　　　　　　财务主管：张丽

凭证 26

计提盈余公积计算表

单位：烟台兴茂机械制造有限公司　　　　　　　　　　所属期：2023年12月

项目	计提依据			计提率	计提金额(元)
	本年净利润（元）	以前年度未弥补亏损(元)	扣除以前年度亏损后净利润(元)		
法定盈余公积	1 200 677.93	0.00	1 200 677.93	10%	120 067.79
任意盈余公积	1 200 677.93	0.00	1 200 677.93	10%	120 067.79
合　计					240 135.59

会计：李丰富　　　　　　　　　　　　　　　　　　　财务主管：张丽

凭证 27

股利分配计算表

单位：烟台兴茂机械制造有限公司　　　　　　　　所属期：2023年

项目	本年净利润	分配金额	分配率
应付股利	1 200 677.93	300 000.00	24.99%

会计：李丰富　　　　　　　　　　　　　　　　　财务主管：张丽

凭证 28

结转本年利润与已分配利润计算表

单位：烟台兴茂机械制造有限公司　　　　　　　　所属期：2023年

项目	金额（元）	项目	金额（元）
提取法定盈余公积	120 067.79	本年实现净利润	1 200 677.93
提取任意盈余公积	120 067.79	本年未分配利润	660 542.35
应付股利	300 000.00	年初未分配利润	96 134.24
合　计	540 135.58	年末未分配利润	756 676.59

会计：李丰富　　　　　　　　　　　　　　　　　财务主管：张丽

普通高等院校财会类专业实验实训课程规划教材
"互联网+"融媒体系列教材

基础会计实训账簿
（第三版）

孔令一 主 编
陈小凤 佘翠芬 副主编

目　录

第一篇　单项篇 ··· 1
实训二　记账凭证填制与审核 ······································· 1
实训四　日记账登记和银行存款清查 ······························ 11
　练习一　日记账登记 ·· 11
　练习二　银行存款清查 ··· 13
实训五　三栏式明细账登记 ··· 13
实训六　数量金额式明细账登记 ···································· 21
实训七　生产成本明细账登记 ······································ 27
实训八　管理费用明细账登记 ······································ 36
实训九　总分类账登记 ··· 37
实训十　错账更正 ·· 51
实训十一　财务报表编制 ·· 65
　练习一　编制资产负债表、利润表 ······························· 65
　练习二　编制现金流量表 ·· 67
　练习三　编制所有者权益表 ······································· 69

第二篇　综合篇 ·· 71
实训十二　基础会计综合实训 ······································ 71

第一篇　单　项　篇

实训二　记账凭证填制与审核

收 款 凭 证

_____收字第_____号

借方科目：　　　　　　　　　　年　月　日

摘　　要	贷方科目		金　额	记账
	总账科目	明细科目	千百十万千百十元角分	
合　　　　计				

会计主管　　　　记账　　　　出纳　　　　复核　　　　制单

附单据　　张

收 款 凭 证

_____收字第_____号

借方科目：　　　　　　　　　　年　月　日

摘　　要	贷方科目		金　额	记账
	总账科目	明细科目	千百十万千百十元角分	
合　　　　计				

会计主管　　　　记账　　　　出纳　　　　复核　　　　制单

附单据　　张

收 款 凭 证

____收字第____号

借方科目：　　　　　　　　　　年　月　日

摘　要	贷方科目		金　额	记账
	总账科目	明细科目	千 百 十 万 千 百 十 元 角 分	
合　　　　　　　　计				

附单据　　张

会计主管　　　记账　　　　出纳　　　　复核　　　　制单

付 款 凭 证

____付字第____号

贷方科目：　　　　　　　　　　年　月　日

摘　要	借方科目		金　额	记账
	总账科目	明细科目	千 百 十 万 千 百 十 元 角 分	
合　　　　　　　　计				

附单据　　张

会计主管　　　记账　　　　出纳　　　　复核　　　　制单

付 款 凭 证

_____付字第_____号

贷方科目：　　　　　　　　　年　月　日

摘　要	借方科目		金　额										记账
	总账科目	明细科目	千	百	十	万	千	百	十	元	角	分	
合　　　计													

附单据　　张

会计主管　　　记账　　　出纳　　　复核　　　制单

付 款 凭 证

_____付字第_____号

贷方科目：　　　　　　　　　年　月　日

摘　要	借方科目		金　额										记账
	总账科目	明细科目	千	百	十	万	千	百	十	元	角	分	
合　　　计													

附单据　　张

会计主管　　　记账　　　出纳　　　复核　　　制单

转 账 凭 证

转字第____号

年　月　日

摘要	一级科目	二级及明细科目	借方金额										贷方金额										记账
			千	百	十	万	千	百	十	元	角	分	千	百	十	万	千	百	十	元	角	分	
合　　　　计																							

会计主管　　　　记账　　　　复核　　　　　　　　　制单

附单据　　张

转 账 凭 证

转字第____号

年　月　日

摘要	一级科目	二级及明细科目	借方金额										贷方金额										记账
			千	百	十	万	千	百	十	元	角	分	千	百	十	万	千	百	十	元	角	分	
合　　　　计																							

会计主管　　　　记账　　　　复核　　　　　　　　　制单

附单据　　张

转 账 凭 证

转字第____号

年　月　日

摘要	一级科目	二级及明细科目	借方金额									贷方金额									记账
			千	百	十	万	千	百	十	元	角	分	千	百	十	万	千	百	十	元	角	分	
合　计																							

会计主管　　　记账　　　复核　　　　　　　　　　制单

附单据　　　张

转 账 凭 证

转字第____号

年　月　日

摘要	一级科目	二级及明细科目	借方金额									贷方金额									记账
			千	百	十	万	千	百	十	元	角	分	千	百	十	万	千	百	十	元	角	分	
合　计																							

会计主管　　　记账　　　复核　　　　　　　　　　制单

附单据　　　张

实训四　日记账登记和银行存款清查

练习一　日记账登记

库存现金日记账

第_____页

年		凭证号数	摘要	对方科目	√	收入（借方）金额	付出（贷方）金额	结余金额
月	日					十亿 亿 千百 十万 万 千百 十元 角分	十亿 亿 千百 十万 万 千百 十元 角分	十亿 亿 千百 十万 万 千百 十元 角分

银行存款日记账

第 ___ 页

年		凭证号数	对方科目	摘要	√	收入（借方）金额									付出（贷方）金额									结余金额								
月	日					十亿	亿	千	百	十	万	千	百	十	元	角	分	十亿	亿	千	百	十	万	千	百	十	元	角	分	十亿	亿	千	百	十	万	千	百	十	元	角	分

练习二　银行存款清查

银行存款余额调节表

年　月　日　　　　　　　　　　　　　　　　　　　　　　单位:元

项目	金额	备注	项目	金额	备注
企业银行存款日记账余额			银行对账单余额		
加:银行已收企业未收			加:企业已收银行未收		
小　计			小　计		
减:银行已付企业未付			减:企业已付银行未付		
小　计			小　计		
调整后余额			调整后余额		

实训五　三栏式明细账登记

记 账 凭 证

记字第＿＿＿号

年　月　日

摘　要	科　目		借方金额	√	贷方金额	√
	总账科目	明细科目	千百十万千百十元角分		千百十万千百十元角分	
合　　　　计						

附单据　　张

会计主管　　　　　　记账　　　　　　复核　　　　　　　　　　制单

记 账 凭 证

记字第____号

年 月 日

摘要	科目		借方金额	√	贷方金额	√
	总账科目	明细科目	千百十万千百十元角分		千百十万千百十元角分	
合 计						

附单据 张

会计主管　　　记账　　　复核　　　　　　　　制单

记 账 凭 证

记字第____号

年 月 日

摘要	科目		借方金额	√	贷方金额	√
	总账科目	明细科目	千百十万千百十元角分		千百十万千百十元角分	
合 计						

附单据 张

会计主管　　　记账　　　复核　　　　　　　　制单

记 账 凭 证

记字第____号

年 月 日

摘要	科目		借方金额	√	贷方金额	√
	总账科目	明细科目	千百十万千百十元角分		千百十万千百十元角分	
合　　计						

会计主管　　　记账　　　复核　　　　　　制单

附单据　　张

记 账 凭 证

记字第____号

年 月 日

摘要	科目		借方金额	√	贷方金额	√
	总账科目	明细科目	千百十万千百十元角分		千百十万千百十元角分	
合　　计						

会计主管　　　记账　　　复核　　　　　　制单

附单据　　张

应收账款明细账

总第 10 页 分第 ___ 页

二级科目编号及名称 济南西城机械有限公司
一级科目编号及名称 ___

2023年		凭证		摘要	对方科目	日页	借方金额											贷方金额											借或贷	余额											√
月	日	种类	号数				十亿	千	百	十	万	千	百	十	元	角	分	十亿	千	百	十	万	千	百	十	元	角	分		十亿	千	百	十	万	千	百	十	元	角	分	
	01			期初余额																									借			2	2	5	7	0	0	0	0	
02																																									

应收账款明细账

总第 11 页 分第 ___ 页

二级科目编号及名称 青岛通达汽车配件公司
一级科目编号及名称 ___

2023年		凭证		摘要	对方科目	日页	借方金额											贷方金额											借或贷	余额											√
月	日	种类	号数				十亿	千	百	十	万	千	百	十	元	角	分	十亿	千	百	十	万	千	百	十	元	角	分		十亿	千	百	十	万	千	百	十	元	角	分	

实训六　数量金额式明细账登记

记 账 凭 证

记字第____号

年　月　日

摘要	科目		借方金额	√	贷方金额	√
	总账科目	明细科目	千百十万千百十元角分		千百十万千百十元角分	
合　　　　　计						

会计主管　　　　记账　　　　复核　　　　　　　　制单

附单据　　张

记 账 凭 证

记字第____号

年　月　日

摘要	科目		借方金额	√	贷方金额	√
	总账科目	明细科目	千百十万千百十元角分		千百十万千百十元角分	
合　　　　　计						

会计主管　　　　记账　　　　复核　　　　　　　　制单

附单据　　张

记 账 凭 证

记字第____号

年　月　日

摘　要	科　目		借方金额	√	贷方金额	√
	总账科目	明细科目	千百十万千百十元角分		千百十万千百十元角分	
合　　　计						

附单据　　张

会计主管　　　　记账　　　　复核　　　　　　　　　　制单

记 账 凭 证

记字第____号

年　月　日

摘　要	科　目		借方金额	√	贷方金额	√
	总账科目	明细科目	千百十万千百十元角分		千百十万千百十元角分	
合　　　计						

附单据　　张

会计主管　　　　记账　　　　复核　　　　　　　　　　制单

明细账

总第____页 分第____页
____级科目编号及名称____
____级科目编号及名称____

年		凭证		摘要	借方			贷方			结存		
月	日	种类	号数		数量	单价	金额 千百十万千百十元角分	数量	单价	金额 千百十万千百十元角分	数量	单价	金额 千百十万千百十元角分

明细账

总第____页 分第____页
____级科目编号及名称____
____级科目编号及名称____

年		凭证		摘要	借方			贷方			结存		
月	日	种类	号数		数量	单价	金额 千百十万千百十元角分	数量	单价	金额 千百十万千百十元角分	数量	单价	金额 千百十万千百十元角分

实训七 生产成本明细账登记

记 账 凭 证

记字第____号

年 月 日

摘 要	科 目		借方金额		贷方金额	
	总账科目	明细科目	千百十万千百十元角分	√	千百十万千百十元角分	√
合 计						

附单据 张

会计主管　　　记账　　　复核　　　制单

记 账 凭 证

记字第____号

年 月 日

摘 要	科 目		借方金额		贷方金额	
	总账科目	明细科目	千百十万千百十元角分	√	千百十万千百十元角分	√
合 计						

附单据 张

会计主管　　　记账　　　复核　　　制单

记 账 凭 证

记字第____号

年 月 日

摘 要	科 目		借方金额										√	贷方金额										√
	总账科目	明细科目	千	百	十	万	千	百	十	元	角	分		千	百	十	万	千	百	十	元	角	分	
合 计																								

会计主管　　　　记账　　　　复核　　　　　　　　制单

附单据　　张

记 账 凭 证

记字第____号

年 月 日

摘 要	科 目		借方金额										√	贷方金额										√
	总账科目	明细科目	千	百	十	万	千	百	十	元	角	分		千	百	十	万	千	百	十	元	角	分	
合 计																								

会计主管　　　　记账　　　　复核　　　　　　　　制单

附单据　　张

记 账 凭 证

记字第____号

年 月 日

摘 要	科 目		借方金额	√	贷方金额	√
	总账科目	明细科目	千百十万千百十元角分		千百十万千百十元角分	
合 计						

会计主管　　　记账　　　复核　　　　　　　制单

附单据　　张

记 账 凭 证

记字第____号

年 月 日

摘 要	科 目		借方金额	√	贷方金额	√
	总账科目	明细科目	千百十万千百十元角分		千百十万千百十元角分	
合 计						

会计主管　　　记账　　　复核　　　　　　　制单

附单据　　张

记 账 凭 证

记字第____号

年 月 日

摘要	科目		借方金额	√	贷方金额	√
	总账科目	明细科目	千百十万千百十元角分		千百十万千百十元角分	
合		计				

附单据　　张

会计主管　　　　记账　　　　复核　　　　　　　　制单

记 账 凭 证

记字第____号

年 月 日

摘要	科目		借方金额	√	贷方金额	√
	总账科目	明细科目	千百十万千百十元角分		千百十万千百十元角分	
合		计				

附单据　　张

会计主管　　　　记账　　　　复核　　　　　　　　制单

生产成本明细分类账

总___第___页
页次_____
___级科目编号及名称_____

年		凭证号数	摘要	借方发生额 千百十万千百十元角分	明　　　　　　细　　　　　　项　　　　　　目			
月	日				直接材料 千百十万千百十元角分	燃料和动力 千百十万千百十元角分	直接人工 千百十万千百十元角分	制造费用 千百十万千百十元角分

生产成本明细分类账

总___第___页
页次_____
___级科目编号及名称_____

年		凭证号数	摘要	借方发生额 千百十万千百十元角分	明　　　　　　细　　　　　　项　　　　　　目			
月	日				直接材料 千百十万千百十元角分	燃料和动力 千百十万千百十元角分	直接人工 千百十万千百十元角分	制造费用 千百十万千百十元角分

实训八 管理费用明细账登记

管理费用明细账

总第_____页 分第_____页

年	凭证	摘要	借方金额									
月 日	号数											

实训九　总分类账登记

科 目 汇 总 表

单位：　　　　　　　　　　　　　　年　月　日　　　　　　　　　　　字第　号

会计科目	账页	本期发生额		记账凭证起讫号
		借方	贷方	

科 目 汇 总 表

单位：　　　　　　　　　　　　　　　年　月　日　　　　　　　　　　字第　号

会计科目	账页	本期发生额		记账凭证起讫号
		借方	贷方	

科 目 汇 总 表

单位:　　　　　　　　　　　　　　　　年　月　日　　　　　　　　　　　字第　号

会计科目	账页	本期发生额		记账凭证起讫号
		借方	贷方	

库存现金总分类账

总第＿＿页

2023年		凭证		摘要	对方科目	日页	借方金额 十亿千百十万千百十元角分	√	贷方金额 十亿千百十万千百十元角分	借或贷	余额 十亿千百十万千百十元角分	√
月	日	种类	号数									
05	01			期初余额						借	4 2 1 4 0 0	

银行存款总分类账

总第＿＿页

2023年		凭证		摘要	对方科目	日页	借方金额 十亿千百十万千百十元角分	√	贷方金额 十亿千百十万千百十元角分	借或贷	余额 十亿千百十万千百十元角分	√
月	日	种类	号数									
05	01			期初余额						借	1 8 5 9 6 9 5 7 4	

应收账款总分类账

总第 ___ 页

2023年		凭证		摘要	对方科目	日页	借方金额 十亿千百十万千百十元角分	√	贷方金额 十亿千百十万千百十元角分	借或贷	余额 十亿千百十万千百十元角分	√
月	日	种类	号数									
05	01			期初余额						借	2011538 72	

原材料总分类账

总第 ___ 页

2023年		凭证		摘要	对方科目	日页	借方金额 十亿千百十万千百十元角分	√	贷方金额 十亿千百十万千百十元角分	借或贷	余额 十亿千百十万千百十元角分	√
月	日	种类	号数									
05	01			期初余额						借	409329 57	

库存商品总分类账

总第 ___ 页

2023年		凭证		摘要	对方科目	日页	借方金额 十亿千百十万千百十元角分	√	贷方金额 十亿千百十万千百十元角分	借或贷	余额 十亿千百十万千百十元角分	√
月	日	种类	号数									
05	01			期初余额						借	1307859 60	

累计折旧总分类账

总第 ___ 页

2023年		凭证		摘要	对方科目	日页	借方金额 十亿千百十万千百十元角分	√	贷方金额 十亿千百十万千百十元角分	借或贷	余额 十亿千百十万千百十元角分	√
月	日	种类	号数									
05	01			期初余额						贷	1357917 7	

应付账款总分类账

第___总页

2023年		凭证		摘要	对方科目	借方金额											√	贷方金额												借或贷	余额												√
月	日	种类	号数			十亿	千	百	十	万	千	百	十	元	角	分		十亿	千	百	十	万	千	百	十	元	角	分			十亿	千	百	十	万	千	百	十	元	角	分	
05	01			期初余额																										贷				4	8	2	3	1	6	0	0	√

预收账款总分类账

第___总页

2023年		凭证		摘要	对方科目	借方金额											√	贷方金额												借或贷	余额												√
月	日	种类	号数			十亿	千	百	十	万	千	百	十	元	角	分		十亿	千	百	十	万	千	百	十	元	角	分			十亿	千	百	十	万	千	百	十	元	角	分	
05	01			期初余额																										贷					8	5	9	2	7	1	3	√

应付职工薪酬总分类账

总第_____页

2023年		凭证		摘要	对方科目	借方金额		贷方金额		借或贷	余额	
月	日	种类	号数			十亿千百十万千百十元角分	√	十亿千百十万千百十元角分	√		十亿千百十万千百十元角分	√

应交税费总分类账

总第_____页

2023年		凭证		摘要	对方科目	借方金额		贷方金额		借或贷	余额	
月	日	种类	号数			十亿千百十万千百十元角分	√	十亿千百十万千百十元角分	√		十亿千百十万千百十元角分	√
05	01			期初余额						贷	3706833	

本年利润总分类账

总第_____页

2023年		凭证		摘要	对方科目	借方金额 十亿千百十万千百十元角分	√	贷方金额 十亿千百十万千百十元角分	借或贷	余额 十亿千百十万千百十元角分	√
月	日	种类	号数								
05			01	期初余额					贷	7 2 5 4 1 1 6 0	√

生产成本总分类账

总第_____页

2023年		凭证		摘要	对方科目	借方金额 十亿千百十万千百十元角分	√	贷方金额 十亿千百十万千百十元角分	借或贷	余额 十亿千百十万千百十元角分	√
月	日	种类	号数								
05			01	期初余额					借	4 8 5 4 3 2	√

制造费用总分类账

总第_____页

2023年		凭证		摘要	对方科目	日页	借方金额											√	贷方金额											借或贷	余额											√
月	日	种类	号数				十亿	千	百	十	万	千	百	十	元	角	分		十亿	千	百	十	万	千	百	十	元	角	分		十亿	千	百	十	万	千	百	十	元	角	分

主营业务收入总分类账

总第_____页

2023年		凭证		摘要	对方科目	日页	借方金额											√	贷方金额											借或贷	余额											√
月	日	种类	号数				十亿	千	百	十	万	千	百	十	元	角	分		十亿	千	百	十	万	千	百	十	元	角	分		十亿	千	百	十	万	千	百	十	元	角	分

主营业务成本总分类账

总第_____页

2023年		凭证		摘要	对方科目	日页	借方金额										√	贷方金额										√	借或贷	余额										√
月	日	种类	号数				十亿	千	百	十	万	千	百	十	元	角	分		十亿	千	百	十	万	千	百	十	元	角	分			十亿	千	百	十	万	千	百	十	元	角	分	

税金及附加总分类账

总第_____页

2023年		凭证		摘要	对方科目	日页	借方金额										√	贷方金额										√	借或贷	余额										√
月	日	种类	号数				十亿	千	百	十	万	千	百	十	元	角	分		十亿	千	百	十	万	千	百	十	元	角	分			十亿	千	百	十	万	千	百	十	元	角	分	

销售费用总分类账

总第_____页

2023年		凭证		摘要	对方科目	借方金额											√	贷方金额											√	借或贷	余额											√
月	日	种类	号数			十亿	亿	千万	百万	十万	万	千	百	十	元	角	分		十亿	亿	千万	百万	十万	万	千	百	十	元	角	分			十亿	亿	千万	百万	十万	万	千	百	十	元	角	分	

管理费用总分类账

总第_____页

2023年		凭证		摘要	对方科目	借方金额											√	贷方金额											√	借或贷	余额											√
月	日	种类	号数			十亿	亿	千万	百万	十万	万	千	百	十	元	角	分		十亿	亿	千万	百万	十万	万	千	百	十	元	角	分			十亿	亿	千万	百万	十万	万	千	百	十	元	角	分	

实训十 错账更正

记账凭证

记字第＿＿号

年　月　日

摘要	科目		借方金额		√	贷方金额		√
	总账科目	明细科目	千百十万千百十元角分			千百十万千百十元角分		
合计								

会计主管　　　记账　　　复核　　　　　　制单

附单据　　张

记账凭证

记字第＿＿号

年　月　日

摘要	科目		借方金额		√	贷方金额		√
	总账科目	明细科目	千百十万千百十元角分			千百十万千百十元角分		
合计								

会计主管　　　记账　　　复核　　　　　　制单

附单据　　张

记 账 凭 证

记字第____号

年　月　日

摘　要	科　目		借方金额		√	贷方金额		√
	总账科目	明细科目	千百十万千百十元角分			千百十万千百十元角分		
合　　　　计								

附单据　　张

会计主管　　　　记账　　　　复核　　　　　　　　　　制单

记 账 凭 证

记字第____号

年　月　日

摘　要	科　目		借方金额		√	贷方金额		√
	总账科目	明细科目	千百十万千百十元角分			千百十万千百十元角分		
合　　　　计								

附单据　　张

会计主管　　　　记账　　　　复核　　　　　　　　　　制单

记 账 凭 证

记字第____号

年　月　日

摘　要	科　目		借方金额									√	贷方金额									√
	总账科目	明细科目	千	百	十	万	千	百	十	元	角	分		千	百	十	万	千	百	十	元	角	分	
合　　　　　　计																							

附单据　　张

会计主管　　　　记账　　　　复核　　　　　　　　　制单

记 账 凭 证

记字第____号

年　月　日

摘　要	科　目		借方金额									√	贷方金额									√
	总账科目	明细科目	千	百	十	万	千	百	十	元	角	分		千	百	十	万	千	百	十	元	角	分	
合　　　　　　计																							

附单据　　张

会计主管　　　　记账　　　　复核　　　　　　　　　制单

银行存款日记账

第 １ 页

2023年		凭证号数	摘要	对方科目	√	收入（借方）金额 十亿千百十万千百十元角分	付出（贷方）金额 十亿千百十万千百十元角分	结余金额 十亿千百十万千百十元角分
月	日							
07	01		期初余额					3 2 4 3 5 0 0
07	05	银付1	预借差旅费	其他应收款			3 0 0 0 0 0	3 2 1 3 5 0 0
07	07	银付2	偿还短期借款	短期借款			2 0 0 0 0 0 0	3 0 1 3 5 0 0

库存现金日记账

第 １ 页

2023年		凭证号数	摘要	对方科目	√	收入（借方）金额 十亿千百十万千百十元角分	付出（贷方）金额 十亿千百十万千百十元角分	结余金额 十亿千百十万千百十元角分
月	日							
07	01		期初余额					5 5 0 0 0 0
07	13	现付1	支付业务招待费	管理费用			9 4 0 0 0	4 5 6 0 0 0
07	27	现付2	支付培训费	管理费用			1 5 0 0 0 0	3 0 6 0 0 0

其他应收款 明细账

二级科目编号及名称 _____
三级科目编号及名称 李强

2023年		凭证		摘要	对方科目	借方金额 十亿千百十万千百十元角分	√	贷方金额 十亿千百十万千百十元角分	借或贷	余额 十亿千百十万千百十元角分	√
月	日	种类	号数								
07	04	银付	1	预借差旅费	银行存款	3 0 0 0 0 0			借	3 0 0 0 0 0	

短期借款 明细账

二级科目编号及名称 _____
三级科目编号及名称 农业银行

2023年		凭证		摘要	对方科目	借方金额 十亿千百十万千百十元角分	√	贷方金额 十亿千百十万千百十元角分	借或贷	余额 十亿千百十万千百十元角分	√
月	日	种类	号数								
07	01			期初余额					贷	3 0 0 0 0 0 0	
07	07	银付	2	偿还短期借款	银行存款	2 0 0 0 0 0			贷	2 8 0 0 0 0 0	

应收账款 明细账

二级科目编号及名称 _____ 济南西城机械有限公司
一级科目编号及名称 _____

2023年		凭证		摘要	对方科目	日页	借方金额 十亿千百十万千百十元角分	√	贷方金额 十亿千百十万千百十元角分	借或贷	余额 十亿千百十万千百十元角分	√
月	日	种类	号数									
07	01			期初余额						借	4 5 0 0 0 0 0 0	
07	28	转	1	收到电子承兑支付当月货款	应收票据				3 5 5 2 0 4 2 0	借	9 4 7 9 5 8 0	

应收票据 明细账

二级科目编号及名称 _____ 济南西城机械有限公司
一级科目编号及名称 _____

2023年		凭证		摘要	对方科目	日页	借方金额 十亿千百十万千百十元角分	√	贷方金额 十亿千百十万千百十元角分	借或贷	余额 十亿千百十万千百十元角分	√
月	日	种类	号数									
07	28	转	1	收到电子承兑支付当月货款	应收票据		3 5 5 2 0 4 2 0			借	3 5 5 2 0 4 2 0	

管理费用 明细账

2023年		凭证号数	摘要	借方金额							合计
月	日			差旅费	职工薪酬	办公费	业务招待费	水电费	培训费	其他	
07	13	现付1	支付业务招待费				490.00				490.00
07	27	现付2	支付培训费						1500.00		1500.00

实训十一 财务报表编制

练习一 编制资产负债表、利润表

资产负债表(简表)

单位:青岛山海机械有限公司　　　2023 年 10 月 31 日　　　单位:元

资产	期末余额	负债和所有者权益	期末余额
流动资产:		流动负债:	
货币资金		短期借款	
应收账款		应付账款	
其他应收款		其他应付款	
存货		应付职工薪酬	
流动资产合计		应交税费	
非流动资产:		流动负债合计	
固定资产		所有者权益:	
非流动资产合计		实收资本	
		盈余公积	
		未分配利润	
		所有者权益合计	
资产总计		负债和所有者权益总计	

利润表(简表)

单位:青岛山海机械有限公司　　　2023 年 10 月　　　单位:元

项目	本期金额
一、营业收入	
减:营业成本	
税金及附加	
销售费用	
管理费用	
财务费用	
加:其他收益	
投资收益	
二、营业利润	
加:营业外收入	
减:营业外支出	
三、利润总额	
减:所得税费用	
四、净利润	

练习二 编制现金流量表

现金流量表

编制单位：烟台伟业有限公司　　　　2023 年度　　　　单位：元

项目	行次	本期金额
一、经营活动产生的现金流量：	1	
销售商品、提供劳务收到的现金	2	
收到的税费返还	3	
收到其他与经营活动有关的现金	4	
经营活动现金流入小计	5	
购买商品、接受劳务支付的现金	6	
支付给职工以及为职工支付的现金	7	
支付的各项税费	8	
支付其他与经营活动有关的现金	9	
经营活动现金流出小计	10	
经营活动产生的现金流量净额	11	
二、投资活动产生的现金流量：	12	
收回投资收到的现金	13	
取得投资收益收到的现金	14	
处置固定资产、无形资产和其他长期资产收回的现金净额	15	
处置子公司及其他营业单位收到的现金净额	16	
收到其他与投资活动有关的现金	17	
投资活动现金流入小计	18	
购建固定资产、无形资产和其他长期资产支付的现金	19	
投资支付的现金	20	
取得子公司及其他营业单位支付的现金净额	21	
支付其他与投资活动有关的现金	22	
投资活动现金流出小计	23	
投资活动产生的现金流量净额	24	
三、筹资活动产生的现金流量：	25	
吸收投资收到的现金	26	
取得借款收到的现金	27	
收到其他与筹资活动有关的现金	28	
筹资活动现金流入小计	29	
偿还债务支付的现金	30	
分配股利、利润或偿付利息支付的现金	31	
支付其他与筹资活动有关的现金	32	
筹资活动现金流出小计	33	
筹资活动产生的现金流量净额	34	
四、汇率变动对现金及现金等价物的影响	35	
五、现金及现金等价物净增加额	36	

练习三 编制所有者权益表

所有者权益变动表

编制单位:烟台兴茂机械制造有限公司　　　　2023 年度　　　　单位:元

项目	本年金额								
	实收资本	其他权益工具			资本公积	减:库存股	其他综合收益	盈余公积	未分配利润	所有者权益合计
		优先股	永续债	其他						
一、上年年末余额										
加:会计政策变更										
前期差错更正										
其他										
二、本年年初余额										
三、本年增减变动金额(减少以"一"号填列)										
(一)综合收益总额										
(二)所有者投入和减少资本										
1. 所有者投入的普通股										
2. 其他权益工具持有者投入资本										
3. 股份支付计入所有者权益的金额										
4. 其他										
(三)利润分配										
1. 提取盈余公积										
2. 对所有者(或股东)的分配										
3. 其他										
(四)所有者权益内部结转										
1. 资本公积转增资本(或股本)										
2. 盈余公积转增资本(或股本)										
3. 盈余公积弥补亏损										
4. 其他										
四、本年年末余额										

第二篇 综合篇

实训十二 基础会计综合实训

记账凭证

记字第＿＿号

年 月 日

摘要	科目		借方金额		贷方金额	
	总账科目	明细科目	千百十万千百十元角分	√	千百十万千百十元角分	√
合 计						

附单据　　张

会计主管　　　记账　　　复核　　　　　　制单

记账凭证

记字第＿＿号

年 月 日

摘要	科目		借方金额		贷方金额	
	总账科目	明细科目	千百十万千百十元角分	√	千百十万千百十元角分	√
合 计						

附单据　　张

会计主管　　　记账　　　复核　　　　　　制单

记 账 凭 证

记字第____号

年　月　日

摘要	科目		借方金额	√	贷方金额	√
	总账科目	明细科目	千百十万千百十元角分		千百十万千百十元角分	
合　　　　计						

会计主管　　　　记账　　　　复核　　　　　　　　　制单

附单据　　张

记 账 凭 证

记字第____号

年　月　日

摘要	科目		借方金额	√	贷方金额	√
	总账科目	明细科目	千百十万千百十元角分		千百十万千百十元角分	
合　　　　计						

会计主管　　　　记账　　　　复核　　　　　　　　　制单

附单据　　张

记 账 凭 证

记字第____号

年　月　日

摘　要	科　目		借方金额									√	贷方金额									√
	总账科目	明细科目	千	百	十	万	千	百	十	元	角	分		千	百	十	万	千	百	十	元	角	分	
合　　　计																							

附单据　　张

会计主管　　　　记账　　　　复核　　　　　　　　　制单

记 账 凭 证

记字第____号

年　月　日

摘　要	科　目		借方金额									√	贷方金额									√
	总账科目	明细科目	千	百	十	万	千	百	十	元	角	分		千	百	十	万	千	百	十	元	角	分	
合　　　计																							

附单据　　张

会计主管　　　　记账　　　　复核　　　　　　　　　制单

记 账 凭 证

记字第____号

年 月 日

摘 要	科 目		借方金额									√	贷方金额									√
	总账科目	明细科目	千	百	十	万	千	百	十	元	角	分		千	百	十	万	千	百	十	元	角	分	
合 计																								

附单据　　张

会计主管　　　　记账　　　　复核　　　　　　　　　　制单

记 账 凭 证

记字第____号

年 月 日

摘 要	科 目		借方金额									√	贷方金额									√
	总账科目	明细科目	千	百	十	万	千	百	十	元	角	分		千	百	十	万	千	百	十	元	角	分	
合 计																								

附单据　　张

会计主管　　　　记账　　　　复核　　　　　　　　　　制单

记 账 凭 证

记字第____号

年 月 日

摘 要	科 目		借方金额	√	贷方金额	√
	总账科目	明细科目	千百十万千百十元角分		千百十万千百十元角分	
合		计				

会计主管　　　记账　　　复核　　　　　　　　制单

附单据　张

记 账 凭 证

记字第____号

年 月 日

摘 要	科 目		借方金额	√	贷方金额	√
	总账科目	明细科目	千百十万千百十元角分		千百十万千百十元角分	
合		计				

会计主管　　　记账　　　复核　　　　　　　　制单

附单据　张

记 账 凭 证

记字第____号

年　月　日

摘　要	科　目		借方金额		√	贷方金额		√
	总账科目	明细科目	千百十万千百十元角分			千百十万千百十元角分		
合　　　　计								

会计主管　　　　记账　　　　复核　　　　　　　　制单

附单据　　张

记 账 凭 证

记字第____号

年　月　日

摘　要	科　目		借方金额	√	贷方金额	√
	总账科目	明细科目	千百十万千百十元角分		千百十万千百十元角分	
合　　　　计						

会计主管　　　　记账　　　　复核　　　　　　　　制单

附单据　　张

记 账 凭 证

记字第____号

年 月 日

摘要	科目		借方金额	√	贷方金额	√
	总账科目	明细科目	千百十万千百十元角分		千百十万千百十元角分	
	合 计					

会计主管　　　记账　　　复核　　　　　　制单

附单据　　张

记 账 凭 证

记字第____号

年 月 日

摘要	科目		借方金额	√	贷方金额	√
	总账科目	明细科目	千百十万千百十元角分		千百十万千百十元角分	
	合 计					

会计主管　　　记账　　　复核　　　　　　制单

附单据　　张

记 账 凭 证

记字第____号

年 月 日

摘 要	科 目		借方金额	√	贷方金额	√
	总账科目	明细科目	千百十万千百十元角分		千百十万千百十元角分	
合 计						

会计主管　　　记账　　　复核　　　　　　　　制单

附单据　　张

记 账 凭 证

记字第____号

年 月 日

摘 要	科 目		借方金额	√	贷方金额	√
	总账科目	明细科目	千百十万千百十元角分		千百十万千百十元角分	
合 计						

会计主管　　　记账　　　复核　　　　　　　　制单

附单据　　张

记 账 凭 证

记字第____号

年　月　日

摘　要	科　目		借方金额	√	贷方金额	√
	总账科目	明细科目	千百十万千百十元角分		千百十万千百十元角分	
合　　　　　计						

会计主管　　　　记账　　　　复核　　　　　　　　制单

附单据　　张

记 账 凭 证

记字第____号

年　月　日

摘　要	科　目		借方金额	√	贷方金额	√
	总账科目	明细科目	千百十万千百十元角分		千百十万千百十元角分	
合　　　　　计						

会计主管　　　　记账　　　　复核　　　　　　　　制单

附单据　　张

记 账 凭 证

记字第____号

年 月 日

摘要	科目		借方金额	√	贷方金额	√
	总账科目	明细科目	千百十万千百十元角分		千百十万千百十元角分	
合 计						

会计主管　　　记账　　　复核　　　　　　制单

附单据　　张

记 账 凭 证

记字第____号

年 月 日

摘要	科目		借方金额	√	贷方金额	√
	总账科目	明细科目	千百十万千百十元角分		千百十万千百十元角分	
合 计						

会计主管　　　记账　　　复核　　　　　　制单

附单据　　张

记 账 凭 证

记字第____号

年　月　日

摘　要	科　目		借方金额	√	贷方金额	√
	总账科目	明细科目	千百十万千百十元角分		千百十万千百十元角分	
合　　　　　计						

会计主管　　　　记账　　　　复核　　　　　　　　制单

附单据　　张

记 账 凭 证

记字第____号

年　月　日

摘　要	科　目		借方金额	√	贷方金额	√
	总账科目	明细科目	千百十万千百十元角分		千百十万千百十元角分	
合　　　　　计						

会计主管　　　　记账　　　　复核　　　　　　　　制单

附单据　　张

记 账 凭 证

记字第____号

年　月　日

摘　要	科　目		借方金额									√	贷方金额									√
	总账科目	明细科目	千	百	十	万	千	百	十	元	角	分		千	百	十	万	千	百	十	元	角	分	
合　　　计																							

附单据　　张

会计主管　　　　记账　　　　复核　　　　　　　　　　制单

记 账 凭 证

记字第____号

年　月　日

摘　要	科　目		借方金额									√	贷方金额									√
	总账科目	明细科目	千	百	十	万	千	百	十	元	角	分		千	百	十	万	千	百	十	元	角	分	
合　　　计																							

附单据　　张

会计主管　　　　记账　　　　复核　　　　　　　　　　制单

记 账 凭 证

记字第____号

年 月 日

摘要	科目		借方金额	√	贷方金额	√
	总账科目	明细科目	千百十万千百十元角分		千百十万千百十元角分	
合		计				

会计主管　　　记账　　　复核　　　　　　制单

附单据　　张

记 账 凭 证

记字第____号

年 月 日

摘要	科目		借方金额	√	贷方金额	√
	总账科目	明细科目	千百十万千百十元角分		千百十万千百十元角分	
合		计				

会计主管　　　记账　　　复核　　　　　　制单

附单据　　张

记 账 凭 证

记字第＿＿号

年　月　日

摘　要	科　目		借方金额	√	贷方金额	√
	总账科目	明细科目	千百十万千百十元角分		千百十万千百十元角分	
合　　计						

会计主管　　　　记账　　　　复核　　　　　　　　制单

附单据　张

记 账 凭 证

记字第＿＿号

年　月　日

摘　要	科　目		借方金额	√	贷方金额	√
	总账科目	明细科目	千百十万千百十元角分		千百十万千百十元角分	
合　　计						

会计主管　　　　记账　　　　复核　　　　　　　　制单

附单据　张

记 账 凭 证

记字第____号

年　月　日

摘　要	科　目		借方金额										√	贷方金额										√
	总账科目	明细科目	千	百	十	万	千	百	十	元	角	分		千	百	十	万	千	百	十	元	角	分	
合　　　　　计																								

附单据　　张

会计主管　　　　记账　　　　复核　　　　　　　　　　制单

记 账 凭 证

记字第____号

年　月　日

摘　要	科　目		借方金额										√	贷方金额										√
	总账科目	明细科目	千	百	十	万	千	百	十	元	角	分		千	百	十	万	千	百	十	元	角	分	
合　　　　　计																								

附单据　　张

会计主管　　　　记账　　　　复核　　　　　　　　　　制单

记 账 凭 证

记字第____号

年　月　日

摘　要	科　目		借　方　金　额									√	贷　方　金　额									√
	总账科目	明细科目	千	百	十	万	千	百	十	元	角	分		千	百	十	万	千	百	十	元	角	分	
合　　　计																							

会计主管　　　　记账　　　　复核　　　　　　　　制单

附单据　　张

记 账 凭 证

记字第____号

年　月　日

摘　要	科　目		借　方　金　额									√	贷　方　金　额									√
	总账科目	明细科目	千	百	十	万	千	百	十	元	角	分		千	百	十	万	千	百	十	元	角	分	
合　　　计																							

会计主管　　　　记账　　　　复核　　　　　　　　制单

附单据　　张

记 账 凭 证

记字第____号

年　月　日

摘要	科目		借方金额	√	贷方金额	√
	总账科目	明细科目	千百十万千百十元角分		千百十万千百十元角分	
合　　　　　　计						

会计主管　　　　记账　　　　复核　　　　　　　　　制单

附单据　　张

记 账 凭 证

记字第____号

年　月　日

摘要	科目		借方金额	√	贷方金额	√
	总账科目	明细科目	千百十万千百十元角分		千百十万千百十元角分	
合　　　　　　计						

会计主管　　　　记账　　　　复核　　　　　　　　　制单

附单据　　张

记 账 凭 证

记字第____号

年 月 日

摘 要	科 目		借方金额		√	贷方金额		√
	总账科目	明细科目	千百十万千百十元角分			千百十万千百十元角分		
合 计								

附单据　　张

会计主管　　　记账　　　复核　　　　　　　制单

记 账 凭 证

记字第____号

年 月 日

摘 要	科 目		借方金额		√	贷方金额		√
	总账科目	明细科目	千百十万千百十元角分			千百十万千百十元角分		
合 计								

附单据　　张

会计主管　　　记账　　　复核　　　　　　　制单

记 账 凭 证

记字第____号

年　月　日

摘　要	科　目		借方金额									√	贷方金额									√
	总账科目	明细科目	千	百	十	万	千	百	十	元	角	分		千	百	十	万	千	百	十	元	角	分	
合　　计																								

附单据　　张

会计主管　　　　记账　　　　复核　　　　　　　　　　　　制单

记 账 凭 证

记字第____号

年　月　日

摘　要	科　目		借方金额									√	贷方金额									√
	总账科目	明细科目	千	百	十	万	千	百	十	元	角	分		千	百	十	万	千	百	十	元	角	分	
合　　计																								

附单据　　张

会计主管　　　　记账　　　　复核　　　　　　　　　　　　制单

记 账 凭 证

记字第____号

年　月　日

摘　要	科　目		借方金额	√	贷方金额	√
	总账科目	明细科目	千百十万千百十元角分		千百十万千百十元角分	
合　　　　　计						

会计主管　　　　记账　　　　复核　　　　　　　　制单

附单据　　张

记 账 凭 证

记字第____号

年　月　日

摘　要	科　目		借方金额	√	贷方金额	√
	总账科目	明细科目	千百十万千百十元角分		千百十万千百十元角分	
合　　　　　计						

会计主管　　　　记账　　　　复核　　　　　　　　制单

附单据　　张

记 账 凭 证

记字第____号

年　月　日

摘要	科目		借方金额	√	贷方金额	√
	总账科目	明细科目	千百十万千百十元角分		千百十万千百十元角分	
合		计				

会计主管　　　　记账　　　　复核　　　　　　　　　制单

附单据　　张

记 账 凭 证

记字第____号

年　月　日

摘要	科目		借方金额	√	贷方金额	√
	总账科目	明细科目	千百十万千百十元角分		千百十万千百十元角分	
合		计				

会计主管　　　　记账　　　　复核　　　　　　　　　制单

附单据　　张

记 账 凭 证

记字第____号

年　月　日

摘　要	科　目		借方金额		√	贷方金额		√
	总账科目	明细科目	千百十万千百十元角分			千百十万千百十元角分		
合　　　　　　　　　　计								

会计主管　　　　记账　　　　复核　　　　　　　　　制单

附单据　　张

记 账 凭 证

记字第____号

年　月　日

摘　要	科　目		借方金额		√	贷方金额		√
	总账科目	明细科目	千百十万千百十元角分			千百十万千百十元角分		
合　　　　　　　　　　计								

会计主管　　　　记账　　　　复核　　　　　　　　　制单

附单据　　张

记 账 凭 证

记字第___号

年 月 日

摘要	科目		借方金额	√	贷方金额	√
	总账科目	明细科目	千百十万千百十元角分		千百十万千百十元角分	
合 计						

会计主管　　　记账　　　复核　　　　　　　　　制单

附单据　张

记 账 凭 证

记字第___号

年 月 日

摘要	科目		借方金额	√	贷方金额	√
	总账科目	明细科目	千百十万千百十元角分		千百十万千百十元角分	
合 计						

会计主管　　　记账　　　复核　　　　　　　　　制单

附单据　张

总分类账

总第 _____ 页

年		凭证		摘要	对方科目	日页	借方金额											√	贷方金额											借或贷	余额											√
月	日	种类	号数				十亿	亿	千百	百	十万	万	千	百	十	元	角	分		十亿	亿	千百	百	十万	万	千	百	十	元	角	分			十亿	亿	千百	百	十万	万	千	百	十	元	角	分

总分类账

总第 _____ 页

年		凭证		摘要	对方科目	日页	借方金额											√	贷方金额											借或贷	余额											√
月	日	种类	号数				十亿	亿	千百	百	十万	万	千	百	十	元	角	分		十亿	亿	千百	百	十万	万	千	百	十	元	角	分			十亿	亿	千百	百	十万	万	千	百	十	元	角	分

总分类账

总第 ____ 页

年 月 日	凭证 种类 号数	摘要	对方科目	日页	借方金额 十亿千百十万千百十元角分	√	贷方金额 十亿千百十万千百十元角分	借或贷	余额 十亿千百十万千百十元角分	√

总分类账

总第 ____ 页

年 月 日	凭证 种类 号数	摘要	对方科目	日页	借方金额 十亿千百十万千百十元角分	√	贷方金额 十亿千百十万千百十元角分	借或贷	余额 十亿千百十万千百十元角分	√

总分类账

年		凭证		摘要	对方科目	日	借方金额											√	贷方金额											√	借或贷	余额											√
月	日	种类	号数			页	十亿	千	百	十	万	千	百	十	元	角	分		十亿	千	百	十	万	千	百	十	元	角	分			十亿	千	百	十	万	千	百	十	元	角	分	

总第_____页

总分类账

年		凭证		摘要	对方科目	日	借方金额											√	贷方金额											√	借或贷	余额											√
月	日	种类	号数			页	十亿	千	百	十	万	千	百	十	元	角	分		十亿	千	百	十	万	千	百	十	元	角	分			十亿	千	百	十	万	千	百	十	元	角	分	

总第_____页

总分类账

总第 _____ 页

年 月	日	凭证 种类	号数	摘要	对方科目	日 页	借方金额 十亿千百十万千百十元角分	√	贷方金额 十亿千百十万千百十元角分	借或贷	余额 十亿千百十万千百十元角分	√

总分类账

总第 _____ 页

年 月	日	凭证 种类	号数	摘要	对方科目	日 页	借方金额 十亿千百十万千百十元角分	√	贷方金额 十亿千百十万千百十元角分	借或贷	余额 十亿千百十万千百十元角分	√

总分类账

总第＿＿页

年		凭证		摘要	对方科目	日页	借方金额										√	贷方金额										√	借或贷	余额										√
月	日	种类	号数				十亿	千	百	十	万	千	百	十	元	角	分		十亿	千	百	十	万	千	百	十	元	角	分			十亿	千	百	十	万	千	百	十	元	角	分

总分类账

总第＿＿页

年		凭证		摘要	对方科目	日页	借方金额										√	贷方金额										√	借或贷	余额										√
月	日	种类	号数				十亿	千	百	十	万	千	百	十	元	角	分		十亿	千	百	十	万	千	百	十	元	角	分			十亿	千	百	十	万	千	百	十	元	角	分

总分类账

总第 _____ 第 _____ 页

年		凭证		摘要	对方科目	日页	借方金额 十亿千百十万千百十元角分 √	贷方金额 十亿千百十万千百十元角分 √	借或贷	余额 十亿千百十万千百十元角分 √
月	日	种类	号数							

总分类账

总第 _____ 第 _____ 页

年		凭证		摘要	对方科目	日页	借方金额 十亿千百十万千百十元角分 √	贷方金额 十亿千百十万千百十元角分 √	借或贷	余额 十亿千百十万千百十元角分 √
月	日	种类	号数							

总分类账

总第_____页

年 月 日	凭证 种类 号数	摘要	对方科目	日页	借方金额 十亿千百十万千百十元角分	√	贷方金额 十亿千百十万千百十元角分	√	借或贷	余额 十亿千百十万千百十元角分	√

总分类账

总第_____页

年 月 日	凭证 种类 号数	摘要	对方科目	日页	借方金额 十亿千百十万千百十元角分	√	贷方金额 十亿千百十万千百十元角分	√	借或贷	余额 十亿千百十万千百十元角分	√

总分类账

总第_____页

年		凭证		摘要	对方科目	日页	借方金额											√	贷方金额											借或贷	余额											√
月	日	种类	号数				十亿	千百	百万	十万	万	千	百	十	元	角	分		十亿	千百	百万	十万	万	千	百	十	元	角	分			十亿	千百	百万	十万	万	千	百	十	元	角	分

总分类账

总第_____页

年		凭证		摘要	对方科目	日页	借方金额											√	贷方金额											借或贷	余额											√
月	日	种类	号数				十亿	千百	百万	十万	万	千	百	十	元	角	分		十亿	千百	百万	十万	万	千	百	十	元	角	分			十亿	千百	百万	十万	万	千	百	十	元	角	分

总分类账

年		凭证		摘要	对方科目	日页	借方金额 十亿千百十万千百十元角分	√	贷方金额 十亿千百十万千百十元角分	√	借或贷	余额 十亿千百十万千百十元角分	√
月	日	种类	号数										

总第_____页

总分类账

年		凭证		摘要	对方科目	日页	借方金额 十亿千百十万千百十元角分	√	贷方金额 十亿千百十万千百十元角分	√	借或贷	余额 十亿千百十万千百十元角分	√
月	日	种类	号数										

总第_____页

总分类账

总第_____ 页

年		凭证		摘要	对方科目	日页	借方金额											√	贷方金额											√	借或贷	余额											√
月	日	种类	号数				十亿	千百	十万	千	百	十	元	角	分			十亿	千百	十万	千	百	十	元	角	分			十亿	千百	十万	千	百	十	元	角	分	

总分类账

总第_____ 页

年		凭证		摘要	对方科目	日页	借方金额											√	贷方金额											√	借或贷	余额											√
月	日	种类	号数				十亿	千百	十万	千	百	十	元	角	分			十亿	千百	十万	千	百	十	元	角	分			十亿	千百	十万	千	百	十	元	角	分	

总分类账

总第_____页

年 月 日	凭证 种类	凭证 号数	摘要	对方科目	日页	借方金额 十亿千百十万千百十元角分	√	贷方金额 十亿千百十万千百十元角分	√	借或贷	余额 十亿千百十万千百十元角分	√

总分类账

总第_____页

年 月 日	凭证 种类	凭证 号数	摘要	对方科目	日页	借方金额 十亿千百十万千百十元角分	√	贷方金额 十亿千百十万千百十元角分	√	借或贷	余额 十亿千百十万千百十元角分	√

总分类账

年 月	日	凭证 种类	凭证 号数	摘要	对方科目	日 页	借方金额 十亿千百十万千百十元角分	✓	贷方金额 十亿千百十万千百十元角分	✓	借或贷	余额 十亿千百十万千百十元角分	✓

总第 ____ 页

总分类账

年 月	日	凭证 种类	凭证 号数	摘要	对方科目	日 页	借方金额 十亿千百十万千百十元角分	✓	贷方金额 十亿千百十万千百十元角分	✓	借或贷	余额 十亿千百十万千百十元角分	✓

总第 ____ 页

总分类账

总第_____ 第_____ 页

年 月 日	凭证 种类 号数	摘要	对方科目	日 页	借方金额 十亿千百十万千百十元角分 √	贷方金额 十亿千百十万千百十元角分	借或贷	余额 十亿千百十万千百十元角分 √

总分类账

总第_____ 第_____ 页

年 月 日	凭证 种类 号数	摘要	对方科目	日 页	借方金额 十亿千百十万千百十元角分 √	贷方金额 十亿千百十万千百十元角分	借或贷	余额 十亿千百十万千百十元角分 √

总分类账

总第 _____ 页

凭证		摘要	对方科目	日页	借方金额										√	贷方金额										√	借或贷	余额										√
种类	号数				十亿	千	百	十	万	千	百	十	元	角	分		十亿	千	百	十	万	千	百	十	元	角	分			十亿	千	百	十	万	千	百	十	元	角	分

年 月 日

总分类账

总第 _____ 页

凭证		摘要	对方科目	日页	借方金额										√	贷方金额										√	借或贷	余额										√
种类	号数				十亿	千	百	十	万	千	百	十	元	角	分		十亿	千	百	十	万	千	百	十	元	角	分			十亿	千	百	十	万	千	百	十	元	角	分

年 月 日

总分类账

总第_____页

年	凭证		摘要	对方科目	日页	借方金额										√	贷方金额										√	借或贷	余额										√
月日	种类	号数				十亿	千百	十万	千	百	十	元	角	分			十亿	千百	十万	千	百	十	元	角	分				十亿	千百	十万	千	百	十	元	角	分	

总分类账

总第_____页

年	凭证		摘要	对方科目	日页	借方金额										√	贷方金额										√	借或贷	余额										√
月日	种类	号数				十亿	千百	十万	千	百	十	元	角	分			十亿	千百	十万	千	百	十	元	角	分				十亿	千百	十万	千	百	十	元	角	分	

总分类账

第＿＿页
总第＿＿页

年		凭证		摘要	对方科目	日页	借方金额										√	贷方金额										√	借或贷	余额										√
月	日	种类	号数				十亿	千	百	十	万	千	百	十	元	角	分		十亿	千	百	十	万	千	百	十	元	角	分			十亿	千	百	十	万	千	百	十	元	角	分	

总分类账

第＿＿页
总第＿＿页

年		凭证		摘要	对方科目	日页	借方金额										√	贷方金额										√	借或贷	余额										√
月	日	种类	号数				十亿	千	百	十	万	千	百	十	元	角	分		十亿	千	百	十	万	千	百	十	元	角	分			十亿	千	百	十	万	千	百	十	元	角	分	

总分类账

总第_____页

年		凭证		摘要	对方科目	日页	借方金额											√	贷方金额											√	借或贷	余额											√
月	日	种类	号数				十亿	千	百	十	万	千	百	十	元	角	分		十亿	千	百	十	万	千	百	十	元	角	分			十亿	千	百	十	万	千	百	十	元	角	分	

总分类账

总第_____页

年		凭证		摘要	对方科目	日页	借方金额											√	贷方金额											√	借或贷	余额											√
月	日	种类	号数				十亿	千	百	十	万	千	百	十	元	角	分		十亿	千	百	十	万	千	百	十	元	角	分			十亿	千	百	十	万	千	百	十	元	角	分	

总分类账

总第 _____ 页

年 月 日	凭证 种类 号数	摘要	对方科目	日页	借方金额 十亿千百十万千百十元角分	√	贷方金额 十亿千百十万千百十元角分	借或贷	余额 十亿千百十万千百十元角分	√

总分类账

总第 _____ 页

年 月 日	凭证 种类 号数	摘要	对方科目	日页	借方金额 十亿千百十万千百十元角分	√	贷方金额 十亿千百十万千百十元角分	借或贷	余额 十亿千百十万千百十元角分	√

库存现金日记账

第 ___ 页

年		凭证号数	对方科目	摘要	√	收入（借方）金额									付出（贷方）金额									结余金额								
月	日					十亿	亿	千	百	十	万	千	百	十	元	角	分	十亿	亿	千	百	十	万	千	百	十	元	角	分	十亿	亿	千	百	十	万	千	百	十	元	角	分

银行存款日记账

第　　页

年		凭证号数	对方科目	摘要	√	收入（借方）金额										付出（贷方）金额										结余金额									
月	日					十亿	亿	千	百	十	万	千	百	十	元	角	分	十亿	亿	千	百	十	万	千	百	十	元	角	分	十亿	亿	千	百	十	万	千	百	十	元	角	分

明细账

年		凭证		摘要	对方科目	日页	借方金额											贷方金额											借或贷	余额											√
月	日	种类	号数				十亿	千	百	十	万	千	百	十	元	角	分	十亿	千	百	十	万	千	百	十	元	角	分		十亿	千	百	十	万	千	百	十	元	角	分	

总第___页 ___级科目编号及名称___
分第___页 ___级科目编号及名称___

明细账

年		凭证		摘要	对方科目	日页	借方金额											贷方金额											借或贷	余额											√
月	日	种类	号数				十亿	千	百	十	万	千	百	十	元	角	分	十亿	千	百	十	万	千	百	十	元	角	分		十亿	千	百	十	万	千	百	十	元	角	分	

总第___页 ___级科目编号及名称___
分第___页 ___级科目编号及名称___

明细账

年		凭证		摘要	对方科目	借方金额											贷方金额											借或贷	余额										
月	日	种类	号数			十亿	亿	千万	百万	十万	万	千	百	十	元	角	分	十亿	亿	千万	百万	十万	万	千	百	十	元	角	分		十亿	亿	千万	百万	十万	万	千	百	十	元	角	分

总第_____页 分第_____页
_____级科目编号及名称_____
_____级科目编号及名称_____

明细账

年		凭证		摘要	对方科目	借方金额											贷方金额											借或贷	余额										
月	日	种类	号数			十亿	亿	千万	百万	十万	万	千	百	十	元	角	分	十亿	亿	千万	百万	十万	万	千	百	十	元	角	分		十亿	亿	千万	百万	十万	万	千	百	十	元	角	分

总第_____页 分第_____页
_____级科目编号及名称_____
_____级科目编号及名称_____

明细账

明细账

总第_____页 分第_____页
一级科目编号及名称_____
二级科目编号及名称_____

年 月 日	凭证 种类 号数	摘要	对方科目	日页	借方金额 十亿千百十万千百十元角分	√	贷方金额 十亿千百十万千百十元角分	√	借或贷	余额 十亿千百十万千百十元角分	√

明细账

总第_____页 分第_____页
一级科目编号及名称_____
二级科目编号及名称_____

年 月 日	凭证 种类 号数	摘要	对方科目	日页	借方金额 十亿千百十万千百十元角分	√	贷方金额 十亿千百十万千百十元角分	√	借或贷	余额 十亿千百十万千百十元角分	√

明细账

明细账

年 月 日	凭证 种类 号数	摘要	对方科目	日页	借方金额 十亿千百十万千百十元角分	√	贷方金额 十亿千百十万千百十元角分	√	借或贷	余额 十亿千百十万千百十元角分	√

总第____页 分第____页
____级科目编号及名称
____级科目编号及名称

明细账

年 月 日	凭证 种类 号数	摘要	对方科目	日页	借方金额 十亿千百十万千百十元角分	√	贷方金额 十亿千百十万千百十元角分	√	借或贷	余额 十亿千百十万千百十元角分	√

总第____页 分第____页
____级科目编号及名称
____级科目编号及名称

明细账

年		凭证		摘要	对方科目	日	借方金额										√	贷方金额										借或贷	余额										√
月	日	种类	号数			页	十亿	千	百	十	万	千	百	十	元	角	分		十亿	千	百	十	万	千	百	十	元	角	分		十亿	千	百	十	万	千	百	十	元	角	分	

总第_____页 第_____页
_____级科目编号及名称_____
_____级科目编号及名称_____

明细账

年		凭证		摘要	对方科目	日	借方金额										√	贷方金额										借或贷	余额										√
月	日	种类	号数			页	十亿	千	百	十	万	千	百	十	元	角	分		十亿	千	百	十	万	千	百	十	元	角	分		十亿	千	百	十	万	千	百	十	元	角	分	

总第_____页 第_____页
_____级科目编号及名称_____
_____级科目编号及名称_____

明细账

年 月	日	凭证		摘要	对方科目	日页	借方金额											√	贷方金额											√	借或贷	余额											√
		种类	号数				十亿	千	百	十	万	千	百	十	元	角	分		十亿	千	百	十	万	千	百	十	元	角	分			十亿	千	百	十	万	千	百	十	元	角	分	

总第_____页 分第_____页
_____级科目编号及名称_____
_____级科目编号及名称_____

明细账

年 月	日	凭证		摘要	对方科目	日页	借方金额											√	贷方金额											√	借或贷	余额											√
		种类	号数				十亿	千	百	十	万	千	百	十	元	角	分		十亿	千	百	十	万	千	百	十	元	角	分			十亿	千	百	十	万	千	百	十	元	角	分	

总第_____页 分第_____页
_____级科目编号及名称_____
_____级科目编号及名称_____

明细账

总第 ___ 页 分第 ___ 页
___ 级科目编号及名称 ___
___ 级科目编号及名称 ___

年	月 日	凭证 种类	凭证 号数	摘要	对方科目	日页	借方金额 十亿千百十万千百十元角分	√	贷方金额 十亿千百十万千百十元角分	借或贷	余额 十亿千百十万千百十元角分	√

明细账

总第 ___ 页 分第 ___ 页
___ 级科目编号及名称 ___
___ 级科目编号及名称 ___

年	月 日	凭证 种类	凭证 号数	摘要	对方科目	日页	借方金额 十亿千百十万千百十元角分	√	贷方金额 十亿千百十万千百十元角分	借或贷	余额 十亿千百十万千百十元角分	√

明细账

明细账

年		凭证		摘要	对方科目	日页	借方金额										✓	贷方金额										借或贷	余额										✓
月	日	种类	号数				十亿	千	百	十	万	千	百	十	元	角	分		十亿	千	百	十	万	千	百	十	元	角	分		十亿	千	百	十	万	千	百	十	元	角	分	

总第　　页　分第　　页

——级科目编号及名称——
——级科目编号及名称——

明细账

年		凭证		摘要	对方科目	日页	借方金额										✓	贷方金额										借或贷	余额										✓
月	日	种类	号数				十亿	千	百	十	万	千	百	十	元	角	分		十亿	千	百	十	万	千	百	十	元	角	分		十亿	千	百	十	万	千	百	十	元	角	分	

总第　　页　分第　　页

——级科目编号及名称——
——级科目编号及名称——

明细账

明细账

总第_____页 分第_____页

_____级科目编号及名称_____
_____级科目编号及名称_____

年 月	日	凭证 种类	凭证 号数	摘要	对方科目	√	日 页	借方金额 十亿千百十万千百十元角分	√	贷方金额 十亿千百十万千百十元角分	√	借或贷	余额 十亿千百十万千百十元角分	√

明细账

总第_____页 分第_____页

_____级科目编号及名称_____
_____级科目编号及名称_____

年 月	日	凭证 种类	凭证 号数	摘要	对方科目	√	日 页	借方金额 十亿千百十万千百十元角分	√	贷方金额 十亿千百十万千百十元角分	√	借或贷	余额 十亿千百十万千百十元角分	√

明细账

明细账

明细账

___级科目编号及名称_____
___级科目编号及名称_____
总第_____页 分第_____页

年	月	日	凭证		摘要	对方科目	日页	借方金额											√	贷方金额											√	借或贷	余额											√
			种类	号数				十亿	亿	千百	十万	万	千	百	十	元	角	分		十亿	亿	千百	十万	万	千	百	十	元	角	分			十亿	亿	千百	十万	万	千	百	十	元	角	分	

明细账

___级科目编号及名称_____
___级科目编号及名称_____
总第_____页 分第_____页

年	月	日	凭证		摘要	对方科目	日页	借方金额											√	贷方金额											√	借或贷	余额											√
			种类	号数				十亿	亿	千百	十万	万	千	百	十	元	角	分		十亿	亿	千百	十万	万	千	百	十	元	角	分			十亿	亿	千百	十万	万	千	百	十	元	角	分	

明细账

总第___页 分第___页
___级科目编号及名称___
___级科目编号及名称___

年		凭证		摘要	对方科目	借方金额		贷方金额		借或贷	余额	
月	日	种类	号数			十亿千百十万千百十元角分	√	十亿千百十万千百十元角分	√		十亿千百十万千百十元角分	√

明细账

总第___页 分第___页
___级科目编号及名称___
___级科目编号及名称___

年		凭证		摘要	对方科目	借方金额		贷方金额		借或贷	余额	
月	日	种类	号数			十亿千百十万千百十元角分	√	十亿千百十万千百十元角分	√		十亿千百十万千百十元角分	√

明细账

总第______页　分第________页

____级科目编号及名称____________________

____级科目编号及名称____________________

年		凭证		摘要	对方科目	日页	借方金额												✓	贷方金额												✓	借或贷	余额												✓
月	日	种类	号数				十	亿	千	百	十	万	千	百	十	元	角	分		十	亿	千	百	十	万	千	百	十	元	角	分			十	亿	千	百	十	万	千	百	十	元	角	分	

明细账

总第______页　分第________页

____级科目编号及名称____________________

____级科目编号及名称____________________

年		凭证		摘要	对方科目	日页	借方金额												✓	贷方金额												✓	借或贷	余额												✓
月	日	种类	号数				十	亿	千	百	十	万	千	百	十	元	角	分		十	亿	千	百	十	万	千	百	十	元	角	分			十	亿	千	百	十	万	千	百	十	元	角	分	

明细账

总第＿＿页 第＿＿页
＿级科目编号及名称＿＿＿＿
＿级科目编号及名称＿＿＿＿

年	月	日	凭证		摘要	对方科目	日页	借方金额										✓	贷方金额										✓	借或贷	余额										✓
			种类	号数				十亿	千	百	十万	千	百	十	元	角	分		十亿	千	百	十万	千	百	十	元	角	分			十亿	千	百	十万	千	百	十	元	角	分	

明细账

总第＿＿页 第＿＿页
＿级科目编号及名称＿＿＿＿
＿级科目编号及名称＿＿＿＿

年	月	日	凭证		摘要	对方科目	日页	借方金额										✓	贷方金额										✓	借或贷	余额										✓
			种类	号数				十亿	千	百	十万	千	百	十	元	角	分		十亿	千	百	十万	千	百	十	元	角	分			十亿	千	百	十万	千	百	十	元	角	分	

明细账

总第_____页 分第_____页
_____级科目编号及名称_____
_____级科目编号及名称_____

年	月	日	凭证		摘要	对方科目	日页	借方金额										√	贷方金额										√	借或贷	余额										√
			种类	号数				十亿	千	百	十	万	千	百	十	元	角	分		十亿	千	百	十	万	千	百	十	元	角	分			十亿	千	百	十	万	千	百	十	元	角	分	

明细账

总第_____页 分第_____页
_____级科目编号及名称_____
_____级科目编号及名称_____

年	月	日	凭证		摘要	对方科目	日页	借方金额										√	贷方金额										√	借或贷	余额										√
			种类	号数				十亿	千	百	十	万	千	百	十	元	角	分		十亿	千	百	十	万	千	百	十	元	角	分			十亿	千	百	十	万	千	百	十	元	角	分	

明细账

总第 ___ 页 分第 ___ 页

___ 级科目编号及名称 ___
___ 级科目编号及名称 ___

年月日	凭证 种类 号数	摘要	对方科目	日页	借方金额 十亿千百十万千百十元角分	√	贷方金额 十亿千百十万千百十元角分	√	借或贷	余额 十亿千百十万千百十元角分	√

明细账

总第 ___ 页 分第 ___ 页

___ 级科目编号及名称 ___
___ 级科目编号及名称 ___

年月日	凭证 种类 号数	摘要	对方科目	日页	借方金额 十亿千百十万千百十元角分	√	贷方金额 十亿千百十万千百十元角分	√	借或贷	余额 十亿千百十万千百十元角分	√

明细账

明细账

年	凭证		摘要	对方科目	日页	借方金额											√	贷方金额											借或贷	余额											√
月日	种类	号数				十亿	千百	百	十	万	千	百	十	元	角	分		十亿	千	百	十	万	千	百	十	元	角	分		十亿	千	百	十	万	千	百	十	元	角	分	

总第 ___ 页 分第 ___ 页
___ 级科目编号及名称
___ 级科目编号及名称

明细账

年	凭证		摘要	对方科目	日页	借方金额											√	贷方金额											借或贷	余额											√
月日	种类	号数				十亿	千	百	十	万	千	百	十	元	角	分		十亿	千	百	十	万	千	百	十	元	角	分		十亿	千	百	十	万	千	百	十	元	角	分	

总第 ___ 页 分第 ___ 页
___ 级科目编号及名称
___ 级科目编号及名称

明细账

总第_____页 分第_____页
_____级科目编号及名称_____
_____级科目编号及名称_____

年 月 日	凭证 种类 号数	摘要	借方			贷方			结存		
			数量	单价	金额 千百十万千百十元角分	数量	单价	金额 千百十万千百十元角分	数量	单价	金额 千百十万千百十元角分

明细账

总第_____页 分第_____页
_____级科目编号及名称_____
_____级科目编号及名称_____

年 月 日	凭证 种类 号数	摘要	借方			贷方			结存		
			数量	单价	金额 千百十万千百十元角分	数量	单价	金额 千百十万千百十元角分	数量	单价	金额 千百十万千百十元角分

明细账

总第____页 分第____页
____级科目编号及名称____
____级科目编号及名称____

年		凭证		摘要	借方			贷方			结存		
月	日	种类	号数		数量	单价	金额 千百十万千百十元角分	数量	单价	金额 千百十万千百十元角分	数量	单价	金额 千百十万千百十元角分

明细账

总第____页 分第____页
____级科目编号及名称____
____级科目编号及名称____

年		凭证		摘要	借方			贷方			结存		
月	日	种类	号数		数量	单价	金额 千百十万千百十元角分	数量	单价	金额 千百十万千百十元角分	数量	单价	金额 千百十万千百十元角分

生产成本明细分类账

总第_____页次_____页
_____级科目编号及名称_____

年		凭证号数	摘要	借方发生额	明 细 项 目				
月	日				直接材料	燃料和动力	直接人工	制造费用	

生产成本明细分类账

总第_____页次_____页
_____级科目编号及名称_____

年		凭证号数	摘要	借方发生额	明 细 项 目				
月	日				直接材料	燃料和动力	直接人工	制造费用	

生产成本明细分类账

总第_____页次_____页

_____级科目编号及名称_____

年		凭证号数	摘要	借方发生额	明			细		项		目	
					直接材料	燃料和动力		直接人工		制造费用			
月	日												

生产成本明细分类账

总第_____页次_____页

_____级科目编号及名称_____

年		凭证号数	摘要	借方发生额	明			细		项		目	
					直接材料	燃料和动力		直接人工		制造费用			
月	日												

管理费用 明细账

总第____页　分第____页

年		凭证号数	摘要	(借)方金额分析									
月	日			百十万千百十元角分	百十万千百十元角分	百十万千百十元角分	百十万千百十元角分	百十万千百十元角分	百十万千百十元角分	百十万千百十元角分	百十万千百十元角分	百十万千百十元角分	百十万千百十元角分

销售费用明细账

总第_____页 分第_____页

年 月	日	凭证号数	摘要	(借)方金额分析									
				百十万千百十元角分	百十万千百十元角分	百十万千百十元角分	百十万千百十元角分	百十万千百十元角分	百十万千百十元角分	百十万千百十元角分	百十万千百十元角分	百十万千百十元角分	百十万千百十元角分

制造费用 明细账

年		凭证号数	摘要	借方(收方)									贷方(付方)									借或贷	余额									(借) 方 金 额																												
月	日			百	十	万	千	百	十	元	角	分	百	十	万	千	百	十	元	角	分		百	十	万	千	百	十	元	角	分	十	万	千	百	十	元	角	分	十	万	千	百	十	元	角	分	十	万	千	百	十	元	角	分	十	万	千	百	十	元	角	分

应交税费—应交增值税明细分类账

年 月 日	凭证 种类	凭证 号数	摘要	借方			贷方				借或贷	余额
				合计	进项税额	已交税金	转出未交增值税	合计	销项税额	出口退税	进项税额转出		

科目汇总表

单位：烟台兴茂机械制造有限公司　　　　年　月　日　　　　　　　字第　号

会计科目	账页	本期发生额		记账凭证起讫号
		借方	贷方	
合计				

科目汇总表

单位:烟台兴茂机械制造有限公司　　　　年　月　日　　　　　　　字第　号

会计科目	账页	本期发生额		记账凭证起讫号
		借方	贷方	
合计				

科目汇总表

单位：烟台兴茂机械制造有限公司　　　　年　月　日　　　　　　　字第　号

会计科目	账页	本期发生额		记账凭证起讫号
		借方	贷方	
合计				

资产负债表

编制单位:烟台兴茂机械制造有限公司　　2023年12月31日　　　　　　　　单位:元

资　产	期末余额	期初余额	负债及所有者权益	期末余额	期初余额
流动资产:			流动负债:		
货币资金			短期借款		
交易性金融资产			交易性金融负债		
衍生金融资产			衍生金融负债		
应收票据			应付票据		
应收账款			应付账款		
应收款项融资			预收款项		
预付款项			合同负债		
其他应收款			应付职工薪酬		
存货			应交税费		
一年内到期的非流动资产			其他应付款		
其他流动资产			一年内到期的非流动负债		
流动资产合计			其他流动负债		
非流动资产:			流动负债合计		
债权投资			非流动负债:		
其他债权投资			长期借款		
长期应收款			应付债券		
长期股权投资			其中:优先股		
其他权益工具投资			永续债		
其他非流动金融资产			长期应付款		
投资性房地产			预计负债		
固定资产			递延收益		
在建工程			递延所得税负债		
无形资产			其他非流动负债		
开发支出			非流动负债合计		
商誉			负债合计		
长期待摊费用			所有者权益(或股东权益):		
递延所得税资产			实收资本(或股本)		
其他非流动资产			其他权益工具		
非流动资产合计			其中:优先股		
			永续债		
			资本公积		
			减:库存股		
			其他综合收益		
			专项储备		
			盈余公积		
			未分配利润		
			所有者权益(或股东权益)合计		
资产总计			负债及所有者权益总计		

利 润 表

编制单位:烟台兴茂机械制造有限公司　　　2023年12月　　　单位:元

项　目	行次	本月金额
一、营业收入	1	
减:营业成本	2	
税金及附加	3	
销售费用	4	
管理费用	5	
研发费用	6	
财务费用	7	
其中:利息费用	8	
利息收入	9	
加:其他收益	10	
投资收益(损失以"－"号填列)	11	
其中:对联营企业和合营企业的投资收益	12	
公允价值变动收益(损失以"－"号填列)	13	
信用减值损失(损失以"－"号填列)	14	
资产减值损失(损失以"－"号填列)	15	
资产处置收益(损失以"－"号填列)	16	
二、营业利润(亏损以"－"号填列)	17	
加:营业外收入	18	
减:营业外支出	19	
三、利润总额(亏损以"－"号填列)	20	
减:所得税费用	21	
四、净利润(净亏损以"－"号填列)	22	
(一)持续经营净利润(净亏损以"－"号填列)	23	
(二)终止经营净利润(净亏损以"－"号填列)	24	
五、其他综合收益的税后净额	25	
六、综合收益总额	26	
七、每股收益:	27	
(一)基本每股收益	28	
(二)稀释每股收益	29	

所有者权益变动表

编制单位：烟台兴茂机械制造有限公司　　2023年度12月　　单位：元

项目	实收资本	其他权益工具			资本公积	本年金额 减：库存股	其他综合收益	盈余公积	未分配利润	所有者权益合计
		优先股	永续债	其他						
一、上期期末余额										
加：会计政策变更										
前期差错更正										
其他										
二、本期期初余额										
三、本期增减变动金额（减少以"—"号填列）										
（一）综合收益总额										
（二）所有者投入和减少资本										
1. 所有者投入的普通股										
2. 其他权益工具持有者投入资本										
3. 股份支付计入所有者权益的金额										
4. 其他										
（三）利润分配										
1. 提取盈余公积										
2. 对所有者（或股东）的分配										
3. 其他										
（四）所有者权益内部结转										
1. 资本公积转增资本（或股本）										
2. 盈余公积转增资本（或股本）										
3. 盈余公积弥补亏损										
4. 其他										
四、本期年末余额										